零肆

0419

壹玖

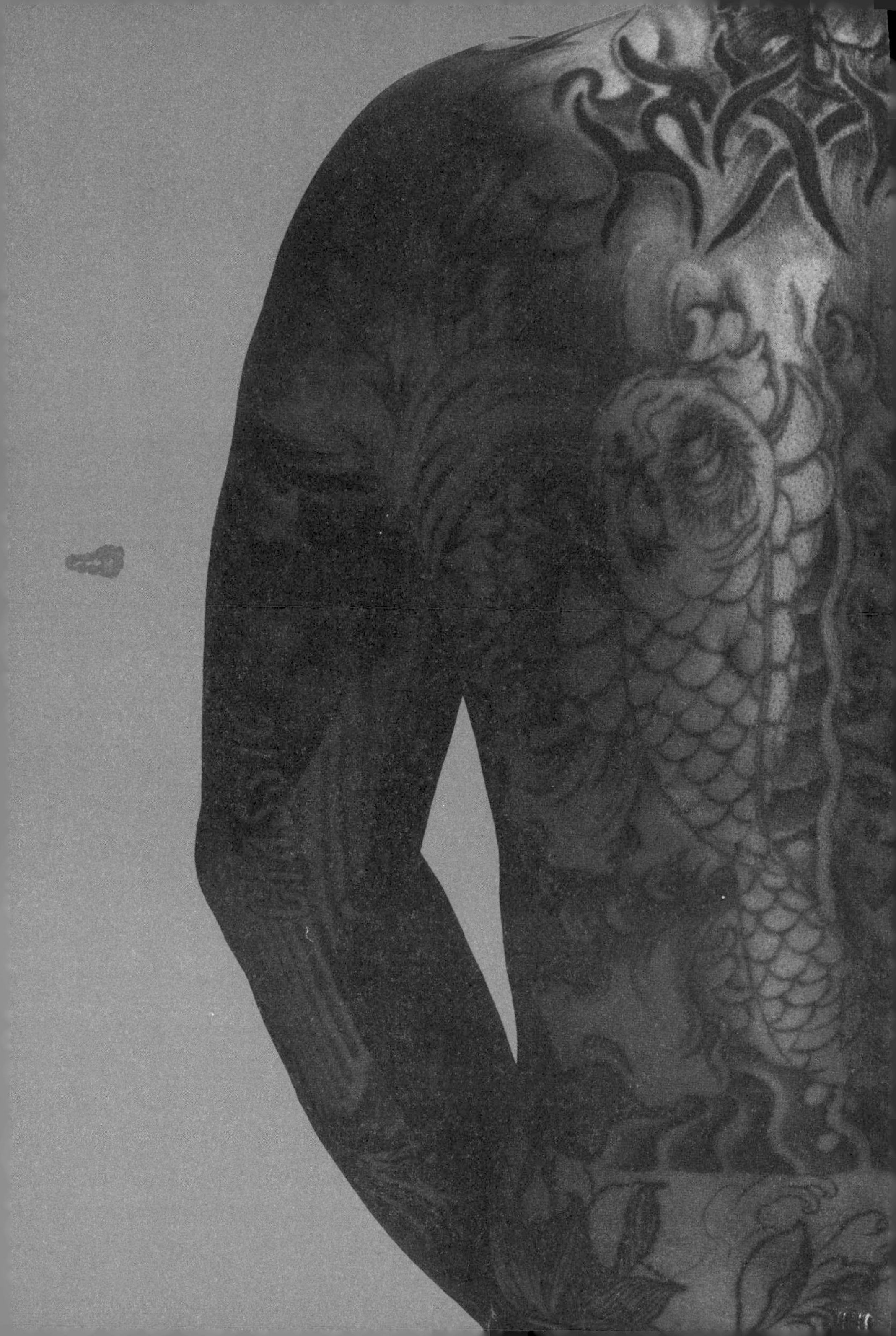

倒著走的人生

鋼鐵爸 阮橋本 著

本書版稅全數捐予《新北市聖翔救援協會》

目錄

一、誕生

二、我們這一家

三、我是鋼鐵爸

【寫在前面】

給親愛的兒子：聖翔

親愛的聖翔：

因為你知道爸爸喜歡鋼鐵人，

你和媽媽、妹妹，在我生日的時候，

送了我一個三呎高的鋼鐵人，你記得嗎？

我的寶貝翔，

「鋼鐵爸」的稱號就這樣誕生。

因為你，我的寶貝翔翔哥哥，

我成為了「鋼鐵爸」！

給正在閱讀的你

因為我必須比任何人都更堅強，
像鋼鐵般的意志，
來支撐失去兒子的痛，來背負聖翔的理念，
延續聖翔善念的意念，也為改善這社會一切的不公不義，
來幫助更多善良的好人，
所以，請叫我……鋼鐵爸。

【推薦序】

承載使命、勇敢堅強

多年前，在電視上看到新聞，一個老淚縱橫的爸爸，憤怒的斥責肇事者，氣憤的說著不公平……

事隔多年後，因為阿國的關係，認識了鋼鐵爸。原來他就是當初我在電視上看到的那位爸爸。

第一眼見到鋼鐵爸時，被他身上從頭到腳，滿滿的刺青給震懾住，後來才知道，每個刺青的背後有著故事，而這些故事卻是由希望、失望、思念、懊悔、遺憾……所堆疊而成。

雖然有著霸氣的稱呼——鋼鐵爸，但我所認識的鋼鐵爸，一點也不鋼鐵，曾經無數次看著他痛哭到不能自己，脆弱且無助，我知道那是一個身為爸爸對兒子的思念，也是一個來不及參與兒子的過去、甚至是未來，自責的悔恨。

頓時失去生命重量的鋼鐵爸，曾經茫然、曾經不知所措、曾經憤怒、曾經絕望、曾經讓自己沒有了自己……，有一段時間，他把自己活成像陀螺，就是不能讓自己靜下來。

為了讓自己勇敢、也為了兒子未能參與的明天、更為了對一直默默守護在他身邊的老婆還有女兒，他努力的試著化悲憤為力量，重啟了「鋼鐵爸」的第二人生。

此時的他，並不是因為喜歡鋼鐵人而被稱為的鋼鐵爸，而是承載著使命，勇敢堅強而有愛的鋼鐵爸。

或許冥冥之中，兒子牽著爸爸的手，一步一步帶著爸爸找到生命裡的光，然後，再讓爸爸溫暖的手，牽起了媽媽和妹妹的手，一起走向屬於他們的幸福人生。

金曲獎臺語最佳男歌手、演員　王識賢

【推薦序】

堅持做對的事、對社會有益的事

跟鋼鐵爸結緣於兩年前我所主持的《風水！有關係》節目，當時到他家錄影，與他一聊才知道他過去是那麼的荒唐，什麼吸毒、外遇、打老婆、拋家棄子樣樣都來，甚至因為長期吸毒的關係記憶受損，導致他對家庭、孩子成長的記憶幾乎是零。

直到摯愛兒子的離世、他摔車斷了十一根肋骨，在鬼門關前走了一遭，才大徹大悟、痛改前非，不僅回歸家庭做一個好丈夫、好父親，更投身公益，幫助很多需要被幫助的人。

對鋼鐵爸的第一印象，是他擁有一顆堅定、充滿愛的心，全身都刺青的他，散發著正能量、無私奉獻的精神，讓我十分欽佩。

對我而言，鋼鐵爸是一位非常值得尊敬的大哥。別看他全身刺青，就以為他很兇、混黑道，事實上他是個面惡心善、非常客氣、溫柔、和藹、重情重義的好人，感覺就像當我們有困難、需要幫忙時，會義不容辭站出來情義相挺的好哥們。

如果說「放下屠刀，立地成佛」，指的是作惡的人，一旦棄惡從善、決心改過，就可以變成好人，那我想，用來形容鋼鐵爸是最合適不過的。

雖然鋼鐵爸過去做了很多荒唐事，但現在的他，不斷重新告訴自己，不可以再犯錯，要堅持做對的事、對社會有益的事，也不吝給身邊曾經犯錯的人，滿滿的鼓勵和愛，同時將自己的經驗書寫成《倒著走的人生》，藉此警惕世人不要走上與他相同的路。

我希望鋼鐵爸可以持續幫助更多需要幫助的人，讓我們共同為這個社會做更多貢獻和努力。

演員、節目主持人　王彩樺

【推薦序】

公諸荒唐史，勸世也贖罪

我跟鋼鐵爸的相識，起源於《江湖無難事》首映會後的聚餐。當時，「鋼鐵爸」在聚餐上對康康哥說「我很欣賞白雲，想認識他」（還好噢他是說欣賞，如果說喜歡的話。那我肯定會避不見他）哈～～

之後康康哥就很積極的要約吃飯，介紹我們認識。

就在一次的聚餐，這不見還好，一見就不得了，簡直驚天地、泣鬼神（簡單說，就是很嚇人啊），只能用一見如故來形容。也是在那時發現我們有些許註定的共同點，像是我們竟然是同年同月同日生、當然也是同星座、而且都是從事殯葬業、笑聲宏亮、總是帶給人們歡樂與正能量、體型很接近！呃……都算是壯碩的身材！以上這還不夠嚇人嗎？

跟康康哥一樣，我對鋼鐵爸的過去一無所知，只知道他的愛子於車禍中過世、成立聖翔救援協會環台助弱勢、很疼愛且照顧家人、滿身刺青。

如今，讀了這本《倒著走的人生》，我才明瞭，原來「鋼鐵爸」曾經吸安二十五年、曾經負債五千多萬、曾經疏於對妻兒的照顧、曾經有嚴重的被害妄想症和幻覺……。

然而，就在鋼鐵爸下定決心戒毒、回歸家庭時，他的兒子卻與他天人永隔，這讓他很自責。所以現在的「鋼鐵爸」，將喪子之痛化為善念，用行善彌補父親角色的失職。

簡單來說，他在贖罪。鋼鐵爸不諱言的把這段荒唐史公諸於世，寫成這本《倒著走的人生》，目的就是希望藉由自己的人生經歷，來勸告那些沉迷毒品、忘卻親情的人要珍惜身邊人，同時持續散播正能量，期望台灣的社會能更美好。

如果你跟我一樣，對鋼鐵爸的過去一知半解或一無所知的話，現在，你可以跟我一樣，透過這本書更認識他：鋼鐵爸！

演員　白雲

【推薦序】

鋼鐵爸是好朋友、好老闆、好丈夫、好父親

阮橋本，外號鋼鐵爸，是我在二〇一五年認識的朋友當中，很奇特的一位。

奇特的原因太多了，就拿其中之一「刺青」來說好了，我身邊全身刺青的朋友很多很多（包括我自己），但我從來沒看過一位生意人，連頭皮也刺青！

刺青不代表什麼樣身份或色彩，特別是每個刺青的人，身上的刺青一定都有專屬自己的故事，而每個人的作風也大不同。

初識鋼鐵爸，我認為他有雙重性格，這也就是我說他很奇特的原因。為什麼這樣說呢？因為白天的他，是理智的；夜晚的他，是失瘋的（思念兒子的心情）。

後來得知是因聖翔侄子去世的事情後，才讓我更加理解他。不管別人是如何定義他的過去，在我心中，他是一位好朋友、好老闆、好丈夫，更是一位好父親。

當聖翔侄子的事故到了要開庭時，我與好友顏導（顏正國）都會陪同他出庭；開庭的過程中，我親眼看著他們夫妻倆心情的起起伏伏，那是無法用言語來形容的。身為好朋友的我，同樣感到悲痛萬分。

不管他的情緒如何，只要「聖翔救援協會」出勤任何公益活動，他都會以最熱忱、最認真、最無私大愛的精神，奉獻給最需要幫助的陌生人。

我和顏導非常認同鋼鐵爸正氣凜然的為人，於是相約結拜，成為義兄弟。我這輩子最驕傲的，就是與這幾位義兄弟的兄弟情！

演員　朱九

【推薦序】

珍惜所愛，愛要及時

第一次見到一個人，從頭到腳全身都是刺青；第一次見到一個人，全身都刺青卻毫無違和感；第一次見到一個全身都刺青的人，可以笑得如此無邪又和善，他是鋼鐵爸。

雖然他的名字擲地有聲，但過去的三十年，他卻活得一點都不鋼鐵。天資聰穎的他，從小就很會做生意賺錢，但個性卻十分懦弱：逃避現實、染毒、翹家，在別人的眼中，是一個想活沒毅力，想死又沒勇氣的魯蛇；從一個失敗的兒子，當到一個失敗的老公，最後變成一個失敗的爸爸！

在一次交通意外中，他失去了摯愛的兒子，他痛徹心扉，大徹大悟，長期被毒品控制的他，這才發現人生的上半場，竟然都在虛度光陰，重蹈覆轍的犯著同樣的錯；這才驚覺他的人生竟然有將近三十年的時間是活在「失落的歲月」中，他沒有累積到任何歡愉的時光和快樂的回憶——他整整失落了三十年。

終於，他振作了起來，化悲憤為力量，把兒子離開的打擊轉化成對社會的大愛，他開始熱情卻又謙卑的到處行善做公益。

他把最心愛的兒子含笑的臉龐，一針一針的烙印在他的左腰間，時時刻刻提醒自己「珍惜所愛」，且「愛要及時」。他想透過《倒著走的人生》，找回他「失落的世界」。雖然有些過去的事情已經來不及，但是現在的他，有家人的愛做後盾，憑著鋼鐵般的強大意志，這一次他完全戰勝毒品。

擁著一顆熱切的心，他竭盡所能，迫切的想把他花了五十年的歲月，用無數眼淚和血汗換來的寶貴經驗分享給大家。衷心祝福《倒著走的人生》，讓鋼鐵爸浴火重生，並且找回曾經失落的幸福，僅存的餘溫。

全方位藝人　從從　唐從聖

【推薦序】

浪子回頭金不換的代表

在電影《江湖無難事》首映會後的聚餐，看到鋼鐵爸，只覺得怎麼這個人幕前幕後的造型都一模一樣？下戲了，光頭上的刺青怎還沒有卸妝？後來才發現……哈哈，原來那些刺青都是真的。

在我心裡一直有個疑問，又不好意思問。

不知道為什麼他叫「鋼鐵爸」？其實到現在我也還不清楚？但是我覺得這並沒那麼重要！他的過去我已經來不及參與，但願他的未來一定有我。

我認識鋼鐵爸之後，發現他不但是一個傳奇人物，而且本身還是一個正面教材。人家說「浪子回頭金不換」，應該就是在說「鋼鐵爸」這樣子的人吧！

據我所知，現在的鋼鐵爸有空就到處去作公益幫助人，因為他真的知道人生無常，只要活著就有希望，「行善最樂」的道理！

對了！還有千萬不要看他全身刺青就以為他是黑社會，其實鋼鐵的外表下，有一顆善解人意及體貼的心！

他的故事非常精彩可期，現在讓我們一起打開這本書，繼續把它看下去！

主持人、演員　康康

康康

【推薦序】

散播正能量，讓世界更美好

人生所有的相遇，都是一種緣，其中有些緣分是很特殊的，就像兩條平行線，偶有交叉的火花……

五年前，工作上因緣際會，短期內密集地跟阮哥接觸。當時的他，正承受人生難以忍受之苦、難——甫失愛子；而椎心的傷、痛，更終日啃蝕著他的心志。

我看到陷入愛、恨、情、仇糾結深淵中、幾乎被溶蝕的一塊鋼鐵。

阮哥一路，就像走在萬丈深谷的鋼索上，現在回想起來仍冷汗直冒，倍感心疼與自責。我感受到他豁達爽朗的外顯，卻忽略內心深沉痛楚的不堪。

從感動、關心到尊敬的歷程，我與阮哥這兩條平行線，竟在不經意間交錯、爆出電光火石。

現在的阮哥，沉醉公益大愛而無法自拔，把對聖翔的愛，轉向對社會上所有被需要的眾生，感受其滿溢正能量的新生，令自詡為兄弟的我，既欣喜亦感動。

孟子說：「君子之志於道也，不成章不達。」聽聞阮哥近期即將人生閱歷彙總付梓，正為其能成章致達而興奮不已，樂撰斯序以標記阮哥曲奇人生中的里程，也為我們平行線意外交叉的兄弟情誼，紀錄下雋永的吉光片羽！

阮哥，**Keep Going !!**

警政署副署長室秘書　許城銘

【推薦序】

不怕自曝身醜，就怕你不及時回頭

蓮（憐）子心中苦，梨（離）兒肚內酸。二〇一五年，一場突來的意外橫禍，上天將一屋的人倫摯愛悍然收回留察，我愕然這場生離死別，更疾首老友驟失愛子的絕痛。

曾經，我也深惡他沉浮於犯罪淵藪的毒品戕害，也惋惜他絕緣於家暖人圓的親情召喚，期間，我也盡己薄棉力挽他的無盡崖落，他活過來了！也付出無可彌補的憾遺，看待老友人生劇場的迴然橋段，只能說，禍兮福所倚。

初識橋本，緣於重機趣合，折服鋼鐵爸，拜於行善為默。他從事殯葬業賈，雖非家大好名生計，唯對於無名橫屍或家窮無力負擔者，卻一本惻隱義務善後，最難能的情操，不曾浮跨功德，攫取樂善虛名，因緣隨喜的低調布施，愈發讓人動容見真。

所有的痛苦，都源自於希望自己快樂；所有的快樂，都源自於希望別人快樂。經歷人生暗黑毒癮靈肉摧殘，復遭生命至愛緣盡錐心刀剮，他幡然醒悟，前非釋盡，回歸初心，以兒之名續行扶弱公益，不計毀譽，舉己惡例廣正社會視聽，更著版自曝身醜，省過心路，發願勿蹈其轍，勿步其塵，這不只是一本書，更是一面鑑鏡，對於仍身陷惡趣囹圄苦眾，相信必有震聾發聵鐘醒勘破，對於人心正道導善航引，能收醍醐灌頂警世謹行，我無意歌功頌德，但橋本立言善行，意喻珠璣彌足珍貴，堪為佛道逆增上緣善例，他歡喜做，我樂推他人之美。

汐止警察分局民防組組長　藍文仲

藍文仲

【推薦序】

化思念、怨恨為大愛

我在二〇一五年認識鋼鐵爸，認識他的時候對他一無所知，只知道他兒子剛走。我陪著他走了很長一段路、慢慢了解後發現，他是一個沒有心機、很NICE的「老好人」。

鋼鐵爸非常愚笨，他從來沒有認真地去過自己的生活。一個不懂得如何自理自己生活的人，怎麼會照顧人？但自從聖翔去世後，他慢慢醒悟某些事。

他成立聖翔救援協會，把悲傷轉換為大愛，彷彿在幫他兒子過未完的人生。我會希望大家支持他，是因為他很執著且堅定地在做想做的事。

有句話叫「感同身受」，老實說我無法用這句話來要求任何一個人感同身受鋼鐵爸。即便我跟他走了這麼長時間，到現在我還是無法體會，為什麼每年到了某個時間，他和鋼鐵媽就會無法入眠。

因為你、我，都不是他們，無法感受那有多痛、痛在哪裡。但他們把這份悲痛轉化成聖翔救援協會，傾盡全力去救助許多貧困家庭，提供免費機車健檢、送物資、送便當。這是很好的轉念，當一個人能把怨恨轉念成大愛和努力，對社會絕對是正面的、有貢獻的。

就像我常說的「凡事從『想』開始」，他現在就是。

我在他身上看到轉變，轉變他的思維、生活，藉由自己的人生，告訴大家「生命的可貴、家庭的重要」。

記住，永遠不要從別人的嘴裡或眼裡去認識鋼鐵爸。好好的閱讀他的故事，你會理解他人生走了五十年，過得是什麼生活。

我不敢保證，你能從這本書獲得你需要的每一句話，但絕對會從中找到適合自己、提醒自己的一句話。相信《倒著走的人生》能讓生活艱難的你，更有信心過好每一天！

導演、演員、書法老師　顏正國

【作者序】

謝謝生命中所有珍貴的親友，我會繼續加油

這本書能誕生，我要感謝幾個人。

首先我要感謝老婆鋼鐵媽，她從我戒毒回家後，完全沒有提過我以前吸安的事，就連二〇一五年四月十九日聖翔過世當天，我又吸安，她也沒提過我以前的事。直到現在，已經五年了，即便這段時間我們之間有發生過任何爭執，她也從來不翻舊帳。

以前我吸安時，曾經打過她。所以這幾年，我經常向她懺悔、道歉，而她總是靦腆的笑著回我「過去的事不要再說了。」

從聖翔過世後，我決定的每一件事，她從來不反對，永遠都是安靜的陪在我身邊，默默地支持我做的任何一件事。

我真心覺得，我這輩子娶到一個好老婆，不離不棄的好老婆！

再來要感謝比親兄弟還要親的顏正國，他擔心聖翔過世後的我借酒澆愁、吸安療傷，掛意我安危的他，整天像瘋子一樣，我去哪裡他就跟到哪裡。謝謝他在我身邊陪伴很多年，不離不棄的陪我走過聖翔過世後那段悲痛的日子。

接著感謝我的女兒詠筑，願意接納，並且不嫌棄一個有吸安史的爸爸。還要感謝我的老爸和老母，謝謝老爸當初選殯葬業，才有我們現在的生活品質；謝謝老母守住這個家園，並讓我有機會經歷負債的低潮人生，才成就現在的我。

還有，謝謝小舅子，人生所有的事都是天註定，冥冥之中自有安排。我希望你能放下，不要再認為聖翔的離開，是你間接造成的。

最後，要謝謝已故的聖翔救援協會秘書長林淙偉先生，他是我生命中很重要的貴人，當初若不是他把我口述的話轉成文字，就沒有今天這本書。

阮橋本

第一章

誕生

1

我爸賣棺材／後來做葬儀社／我國中畢業

因為老爸的工作不怎麼光彩，
附近的孩子非常瞧不起我們，
那時候我跟弟弟常常被嘲笑為
「棺材囝仔」。

我，阮橋本，出生於苗栗一個叫做苑裡的純樸鄉村，在二歲時老爸老母舉家遷居北上，因為盤纏不夠，搬家費用還是由父母向嬸嬸借了兩百塊才有辦法一家人搬上來台北。那時我年紀還很小沒太多記憶，後來才聽老母轉述，當時是住在向娘家親戚承租的一個小房間。

因為外婆家就在台北市第一殯儀館附近的五常街上，那邊只有相關的工作可餬口，老爸的工作，便是每天騎著三輪車、載送著「喪事用」的花圈，賺取微薄薪酬來溫飽我們一家人。

在舊時代，這個行業在社會價值觀之下其實並不怎麼光彩，人們凡是經過喪家都會識體地繞道而行，避開那種氛圍才不會被沖煞到。

在我五歲時，我們家又多添了一位新成員，之後的日子透過外婆標會錢，還有老母娘家親戚幫忙，我們一家四口才能安穩地在台北生存下去。而老爸老母本著不屈不撓的堅毅精神，終於有經濟能力租到位在土城一個墓仔埔（墓園）裡的鐵皮屋（註），在我即將就讀小學時。

搬到土城墓仔埔，對於我與小我五歲的弟弟來說是快樂的，因為一起住山上的鄰居小孩，大都是父親所聘請工人們的小孩子，年紀相仿所以相處起來特別投趣愉快。而附近的鄰居們，也是我童年時期伴我成長不可或缺的、既重要又特別的角色。

因為老爸從事的工作，讓地主與他們的孩子非常瞧不起我們，那時候我跟弟弟常常被嘲笑叫做「棺材囝仔」，我實在不喜歡這個綽號，也非常厭惡那些總是瞧不起，並處處刁難欺負我們的這些鄰居。

我一直不能忘懷一段深刻回憶——以前王子麵是有錢人家小孩的零食，一群小孩放學聚在一起玩尪仔標，他們就會各自帶著一包王子麵上山一起玩耍，依稀記得他們吃完有剩下的屑屑，我將它們集中起來打算要吃掉，怎麼也沒想到他們一群又回頭，看到我在吃他們剩下的王子麵，將我痛打一頓。

所以我在小時候就發誓以後要飛黃騰達，然後要再回這村子炫耀。

以前老爸做「棺材整理」。台灣習俗是埋葬九年後撿骨，將逝者骨頭撿起裝大甕或再度化灰裝小甕，然後老爸與工人再將埋在土裡的棺材重新修飾上色（台語：塞洗），也就是把中古棺木加以整理再販售，價格就比原木材砍伐製作的便宜很多。

老爸也有製作砍伐樹木製作的棺木，雖然價格不菲，但他工細，製作出來的棺木很多中盤商搶著要。因此老爸就對天發願「以後遇到貧窮人付不起棺木錢，就要把棺木捐給他們」，至今我的殯葬公司仍是秉持貧民免費的理念在做這事業。

以前舊時代喪事和喜事一樣重要，是人生中必經的過程。人們也特別注重著禮儀和習俗，所以才有我們這行業產生，但相對的這行業敢碰的人實在少得可憐，「土公仔」是以前這行業的稱號，讓人嗤之以鼻、非常瞧不起的行業。

註：鐵皮屋是我已逝大舅所蓋，大舅在二十九歲那年被誤殺，至今這間屋子還存在。

2

最怕晚上一個人走過夜總會

長大後聽老母說，
對於這段路其實她也很怕，
還常說什麼人不嫁，
嫁到做棺木的。

在我小學時期，上學必須經過一段很恐怖的路程。

我家住山上，學校卻在山下，每天上學是大白天所以不會有懼怕的感覺，但到了放學，只要超過下午四點後、太陽要下山前，要是還沒往家的方向走，肯定就得要在山下等老爸或是工人，抑或正要上山的鄰居大人出現陪伴在旁，我才有勇氣上山回家。

因為這段路實在實在太黑暗、恐怖到極點了，對於當時我這小小心靈，實在無法承受。小孩子常常在放學後，在外頭玩得忘了時間，等到意會過來，往往都是西下夕陽或是低垂夜幕的提醒。

而天一黑，我就不敢獨自一個人穿過墓仔埔，但心裡又害怕玩過頭的自己回家會被老爸打。所以只能自己在路口乾著急，急到一個人大哭。常常都是路過的鄰居看到，帶著我、送我回家。

這一段路的恐怖不是言語可形容，在物資缺乏的年代，建設也不發達，這段路是沒有路燈的，你如果沒在太陽下山前走上山，你就得摸黑走過夜總會（亂葬崗）。

天氣好的晚上，夜總會有俗稱「鬼火」的靈異現象上演。其實只要人剛埋在土裡腐化的過程，都會產生帶有磷的氣體產生，大人俗稱瓦斯，氣體排出地表遇到足夠的溫度就會燃燒，形成這俗稱的「鬼火」，那樣的景象我是真的怕怕。

長大後聽老母說，對於這段路其實她也很怕，還常說什麼人不嫁，嫁到做棺木的。

其實老母跟我一樣膽小，雖然她娘家就在第一殯儀館旁，她回家都要繞道。嫁給從事這行業的老爸真是命中帶衰，更何況她還考上北一女，卻因為一些因素放棄學業，而無法繼續升學。

有時候會想，我智商滿高的，應該就是遺傳到她吧，哈哈。

在清明節的時候，我和弟弟是最開心的，因為有墓園砍草的工作可以賺零用錢，又有草仔粿可以吃，還有一堆祭品（註）可以慢慢品嚐。除此之外，大人會給我跟弟弟比平常還更多的零用錢，然後我們就會快快樂樂的去買尪仔標，這是住在這裡最開心的事。

老母只要忙碌的時候，就會把我和弟弟放進製作一半的棺材裡玩耍，這樣我們不會亂跑她也看顧的到，所以說我們從小就在棺木裡長大也不為過。

註：祭拜亡者的食物。

3

向其他同學的便當打游擊

每個人讀書方式不同嘛！
幹嘛選擇當個書呆子？
人生不就是開開心心、
充實地過著每一天嗎？

升上國中後，少年維特的煩惱，正是這時期的寫照。

我應該稱為「少年世宏的煩惱」（我原本名叫阮世宏）。我在國中時期結交了很多好朋友，也許是童年的陰影，害怕別人的眼光、害怕被瞧不起、恐懼一個人落單的感受，所以在這環境氛圍下轉變成喜歡成群結黨，在那時候也看起來不是壞事，至少有人挺你。

我也會憂鬱耶！唉～煩惱隔壁班女生有沒有喜歡我啊？嘻嘻嘻。

從小到大老爸老母忙著賺三餐，根本無暇顧小孩，所以我很需要陪伴，因此依賴上同儕之間相伴的感覺，也追求著被尊重、被肯定的感受。

國中時期只要帶著空著便當盒到學校上課，中午時間一到，便當盒自然就會滿滿的，有排骨、滷蛋、青菜，還有最基本的白飯。

因為班上還是有錢人的小孩居多，都是有家長親手準備的豐盛便當，而一些女生胃就像小鳥似的，幾乎每天便當裡的飯菜都吃不完，然後就是由我幫她們解決這方面的問題。

可能是因為這樣，自然我每天都有攝取足夠的營養，所以我就像奶粉廣告說的一樣頭好壯壯，成績也總是保持名列前茅。

在我成長那時期的小孩，應該都是接受打罵教育，就像電影演的，現在看起來還真寫實。以前只要有客人來家裡吃飯時，都要等大人吃完、客人走後，我們才能添飯夾菜。與長輩過年吃飯的時候，筷子是不允許在菜盤裡翻攪挑選的，因為隨即會被老爸突如其來的無影掌給巴下去，還有筷子不可以左手拿，肯定挨一頓打。

還好我是右撇子，慘的是弟弟左撇子，常常被打。什麼道理?!左撇子在現代科學稱為右腦發達，還鼓吹這風氣哩。

唸書時期我算是滿聰明的，我自認反應快。一樣在上課，我總認為老師講太慢，只要課本翻一翻我肯定會舉一反三，幹嘛浪費歡樂時光苦讀？反正就是自信十足，也因此造就我翻開書本第一頁就開始昏昏欲睡。也自以為看到封面就知道結果，反正考試都有人幫忙作弊，無論如何成績照樣嚇嚇叫。

其實我真的很會唸書，只是每個人讀書方式不同嘛！幹嘛選擇當個書呆子？這樣人生有什麼意義呢？是吧！人生不就是開開心心、充實地過著每一天嗎？所以長大後結婚生子，我對小孩的教育就是採放縱性的自由發展，小孩的童年如此寶貴，就是該快快樂樂的啦！

4

聯考當天，愛車不翼而飛！

到底是失憶？
還是車子不見了？
飛奔跑回教室，背起書包，
恁爸不爽考了啦，什麼聯考！

聯考，令人憎恨的聯考。

國三時，我把自己存了很久的積蓄（是我清明節掘墓草換來的報酬）統統拿出來，再加上每天省吃儉用、辛苦買下人生的第一台打檔腳踏車（變速車）。

那天我小心翼翼地騎著心愛的腳踏車到了考場，還準備了當時造價十分昂貴的鏈鎖，把車鎖在厚實的電桿上，確定安全無虞，才開開心心、自信滿滿地進入考場。

酷熱的夏天，我戰戰兢兢的在考場裡，心繫著的還是心愛的腳踏車，就是擔心會被偷。考完第二堂時，突然心裡莫名萌生「怪怪毛毛」的感覺，就趁著下課休息的十分鐘，飛奔到校外那根鎖車當下給我安全感又厚實的電桿，去查看我的愛車在不在。

幹！我的車呢？？？？

一路數著電桿，一直數著數著，對啊！我停在這啊！但我的愛車呢？到底是我失憶？還是車子不見了？

真他媽的，飛奔跑回教室，背起書包，恁爸袂爽考試了，什麼聯考！把我的愛車還來，真他媽的衰！哭著奔跑回家，哇哇哇……我的車啦！我的愛車啊！我詛咒偷我車的賊，整身給他得病爛光光！

聯考＝惡夢＝毀了！

失敗的聯考，伴隨著惡夢開始。在老爸的工廠裡，我喜歡養鴿子，還跟弟弟一起木造了鴿子巢，養了很多鴿子，每天放學就會去瞧瞧牠們生活過得好不好，呵呵。

但，就在愛車失蹤、聯考毀掉的這一天，才一回家竟然發現我的鴿子巢竟然一隻鴿子也沒有。

我抓狂啦！我的鴿子呢？怒氣沖沖地跑到廚房問阿母，阿母說弟弟把鴿子巢打開了、然後鴿子亂飛，飛到工人工作檯亂大便，所以，工人索性把鴿子全捉了煮來吃……。

shit！我的人生就要為聯考付出這樣大的代價啊！

抓狂地拿了老爸工作的鐮刀，一家一家問是誰吃了我的鴿子？結果最後又是被老爸吊起來痛打一頓。我他媽的嘔死了！

其實在工廠那段時間，老爸特愛養小動物，舉凡捉到的蛇啊、狗啊、猴子啊、鴛鴦啊、孔雀啊林林總總的，工廠就跟小型動物園沒兩樣。

猴子還三不五時的逃跑，這真的是全山頭的大事啊！

「阿海（我爸的名字），母猴脫逃啦！趕緊發警報！」

這隻母猴只要發春期，就會發狂的亂跑，也曾逃跑抓傷了人，這時候的警報真是真實，比防空演習還逼真，我猜可能直逼戰時的空襲警報那樣令人緊張恐慌。

其實這個小型動物園都是老母在餵食，老爸每天工作根本無暇照顧。

5

在挨打的歲月中，第一次接觸毒品……

輟學的、家庭沒溫暖的、有錢的、沒錢的、失戀的、不想回家的、不開心的、沒有目標的、所有亂七八糟湊在一起，一起找尋失落的一點溫暖。

平常我還是喜歡往外跑，跟朋友開開心心的聚會，卻也時時刻刻得挨老爸的狠揍。

以前我不懂為何老爸這麼喜歡揍我，不是皮帶啊、木棍啊，就是衣架啊……任何隨時手上可以拿到的工具，都可以變成凶器對我揮手一擊，就像棒球國手陳金鋒、球來就打的概念。

這是之後當了爸爸後，才會知道多麼望子成龍的心急，但在那段挨打的歲月中，我就發下毒誓「我絕不會這樣對我的小孩，否則以後小孩長大了，我老了，換作是我被他們不孝欺負，我也不還手。」夠毒吧？

所以翔翔和筑筑從小我就不曾打過他們，因為我知道以前的打罵教育造就了未來父子不合的狀態，這就是台灣舊時代的悲哀。

由於是自己家中經營的生意，讓我有機會可以邊學邊做。憑著不斷努力跟隨老爸學習，還有自己的三寸不爛之舌、靈敏的臨場反應，迅速的吸取經驗，讓我在短短幾年的時間，累積相當豐厚的實戰的經驗，也能獨當一面。

八、九十年代的殯葬業，其實真的是個暴利的行業。在當年，殯葬行業除了一般家傳世襲的業者以外，會從事這行的業者，有很多都是道上兄弟。

老爸老母是老實人，時常被欺負。在我十六歲那年，老爸所開設的葬儀社，甚至遭到同業惡意縱火，還有黑道霸凌老爸說不許在這區域賣棺木。因老爸是老實人，而且好男不跟女鬥，所以就由老母出面與黑道談，事後好像老母拿了一筆錢將此事平息。由此可見當年在殯葬業界的惡性競爭有多嚴重。

跟隨老爸投入殯葬業，當時年僅十六、七歲的我，進入這行業後，收入比起一般上班族來說，算是非常豐厚的。為了延攬更多生意、拓展更多「商機」，我便開始與黑白兩道的朋友們交際應酬、玩樂。

第一次接觸到安非他命，是一次接到黑道大哥的母親。那一晚，因為大哥母親獨居，所以過世了好幾天沒人知道，等大體有味道飄出，鄰居才去報警，警察來勘驗，確認身份才通知家屬。

大哥到了現場後，因為屋中味道刺鼻，所以帶著一幫小弟回到車上；然而居士（註）要引魂，家屬必須在現場，所以我去敲車門。

我敲車門後，看車內煙霧瀰漫。我說：「大哥要來祭拜了哦！」大哥搖下車門，我吸了一口煙味，還很好奇說「大哥這是什麼牌子香菸，味道很特別，可以給我吸一口嗎？」

大哥回說，「囝仔人麥問。」

這就是我吸食安非他命的起端。

就是在這年紀，我喜歡跟幾位好友因為好奇，也因為喜歡同儕聚在一起的感覺，經歷可惡的聯考事件，我們開始碰觸到安非他命，以前這根本像香菸般的流通平常，以前的毒品就是紅中、白板、海洛英，在那時期安非他命根本稱不上毒品（註）。

一群人聚一起玩著像抽菸般的遊戲，只是這回多了工具，遊戲結局是飄在空中裊裊的白煙，但是大夥更開心聚在一起，更聚精會神的鑽研許多不可能發生的事。

白話講就是特別專注、執著。

因為有共同玩樂的事情後，朋友越來越多，不管是學長、學弟，還是別校的，輟學的、家庭不溫暖的、不想回家的、不開心的、失戀的、沒有目標的、有錢的、沒錢的……等等，反正覺得自己生活亂七八糟的就會湊在一起，一起找尋失落的一點溫暖。

這是快樂天堂啊！所有煩惱事、不想管的事，只要接觸了安非他命就煙消雲散了，徹底消失了。

註：居士指做法事、在家修行的師父。

註：安非他命是一種中樞神經興奮劑。因年輕人吸用成癮嚴重，一九九〇年公告為麻醉藥品管制，一九九八年列為二級毒品。

6
十八歲生日，被捅三刀……

突然一群人手持開山刀、扁鑽，
朝著我們殺了過來，
我被飛來的扁鑽捅到肚子，
當下只覺得全身發冷。

聯考失敗後，剛好有小道消息得知，板橋長江路要蓋殯儀館，老爸老母把他們省吃儉用存下的一筆錢，買下現在公司的創始店（六號一樓）。聽老母講，當時用了貴得離譜的房價買下，旁邊只是殯儀館預定地，還未真正的蓋好。

但沒辦法，因為要先卡位，所以就買下第一間房子。以前長江路這附近都是茶藝館、印刷廠，還有田地。

長江路房子從打地基後一磚一瓦蓋了起來，等房子都蓋好，暑假也結束了，我沒繼續升學就跟著老爸老母做生意，從這時候就開始我們嶄新的生活。

人生，這時才真正的開始。

搬到板橋後，開始在南雅南路附近玩耍，也就是現在的南雅夜市一帶。以前這裡是娛樂場所居多，電玩店、撞球間、電影院、酒家，是個五光十色的娛樂城。我也常常往台北市跑，那也是另一個快樂天堂。

然而，也因為年紀輕輕就進入社會打滾，尤其是進入殯葬業這個蒙上一層神秘面紗的行業，年輕的我也經歷了許多同年齡、甚至一般人都難以想像的人生經歷！

剛滿十八歲那一天，老母幫我保勞保第一天，朋友約我去喝酒慶生，酒過三巡後，連自己也不曉得招惹了何方神聖，突然一群人手持開山刀、扁鑽，朝著我們殺了過來，現場不分青紅皂白一陣雜亂地打起來了。

而我被飛來一支扁鑽捅到肚子，而且還捅了三個洞。最嚴重的是腹部那一刀，直攪盲腸與大腸，合併血胸、氣胸，還好沒有傷到肺。當時，只覺得全身發冷，我壓住傷口招了計程車自己到亞東醫院就醫，一到醫院我就不省人事，只知道好冷。醒了後，睜眼見到老母，不停哭哭啼啼著。

甚至有次因為生意上的競爭，加上老爸自從創業以來一直堅持的貧民免費服務作風，早已讓許多同業看不順眼，結果，我竟然被同業的競爭者綁架警告！

直到現在，回憶起這些，常常都自己嚇出一身冷汗，一方面自責自己的年少無知，一方面也慶幸自己沒有出過什麼大簍子，沒讓自己的過去留下案底。

7 因為紋身，當兵被百般刁難……

刺青這件事
竟然害我當兵常常被操到累翻，
加上學歷不高，
真是磨練到極點。

搬到板橋後，家裡依然做棺木，那時候老爸老母老店、新家兩地跑，因為我沒繼續升學，只好跟著老爸一起做棺木生意。

但我真的很討厭這行業，所以有一次，我鼓起勇氣拜託老母去跟阿姨商量，看可不可以讓我轉行？

當時姨丈在做報關行，是非常火紅的事業，姨丈朋友也有很多，於是阿姨把我介紹到台北一間報關行，然後我做了人生中第一個不是葬儀相關的工作，之後我又換去收帳公司上班。

想當然爾，這工作我還是無法持續。後來收到兵單，就入伍服役了。

每個男人談不完的就是當兵的事，不管酸、甜、苦、辣，到老永遠的記憶還是這時期的患難情誼。

當兵真的苦啊！操練沒自由、折磨唉～就是苦啊！

我記得只要有出公差，我就會打公共電話給老母，告訴她我在倒餿水，然後我說我要逃兵啦！

只要老母接到我電話她就開始提心吊膽，哭哭啼啼的，然後用盡所有人脈關係，就是要讓寶貝兒子可以輕鬆點，還因為這樣被朋友的父親騙了二十萬。

因為那個朋友的父親跟我老母說要打通關，還說拿錢給對方時要背對著拿給他。就這樣，二十萬拿給了誰，並不知道，而且我還被操的更慘。

唉～現在我感覺當時的我真的是媽寶！而至今我還是媽寶！每個媽媽肯定就是愛小孩勝過一切，我很慶幸可以當媽寶。

誰叫我沒再繼續升學，所以朋友相約就去刺青，當時覺得這是一種光榮，好像被大家肯定似的。但我沒加入幫派。只是一群志同道合的朋友相聚，然後起哄去刺青；以前刺青好像代表著地位和尊重，可能受了日本文化的影響，刺青好像就是身份提升了，我當時是這樣想。

但萬萬想不到，刺青這件事竟然害我當兵的時候有污點，常常被操到累翻。學歷不高，身上又有紋身，要當班長是經歷百般刁難，然後磨練到極點。

還好憑藉著我多年來在職場上打滾的經驗、圓滑的個性，又遇到一位相挺的副連長，這才順利當上砲長。雖然我們這一連俗稱魔鬼連，但是可以回味無窮的回憶卻是一大堆，可能講三天三夜也講不完。

只是，吸安的習慣並沒有隨著當兵生活而停止。很快的，兩年的軍旅生涯即將結束，我開始思考著，未來的人生難道就要一直與毒品相伴嗎？

退伍後，我還是無法脫離殯葬業，誰叫我是長子，所以，理所當然得繼承家族事業。

我深知殯葬業生態幾年內勢必面臨轉型，心中也開始思考著，該怎麼做，才能把這門傳統的生意轉型。當公司還是傳統行業時，我一直一直在創新，然後老爸一直一直反對，我努力讓這份傳統的事業慢慢變得更加現代化、企業化經營，同時也不停的跟老爸革命，才造就現在公司這個光景。

而我的生活變得豐富，也更有規律，在堅強意志力的堅持下，終於，我把毒品趕出了我的生活！

第二章

我们這一家

1

與鋼鐵媽的第一次見面……

晚上八點多，
初次見到她，
真的是有被她白皙的皮膚、
立體的五官給迷倒。

退伍沒多久，已經在社會上工作，同行業的一位阿姨向我介紹一位年紀很輕，高中剛畢業，貌如天仙、皮膚白皙、勤儉持家、乖巧靈敏、秀外慧中的女孩。

我聽聞怎麼可能!?在我接觸過的女生，大部分都是愛慕虛榮並崇拜花花世界。有這號單純人物？我可真好奇！

起初我並不很在乎這份未知的姻緣。只是碰巧我接到了一位居住三重老菩薩的喪事，然後順路很好奇地去她（鋼鐵媽）家。當時，我也不知道哪來的勇氣，反正就是抱著好奇心，想說看看又不會怎樣，就這樣在她家客廳坐著等。

其實我還真是厚臉皮到極點，不認識人家還秉持看猴子表演的心態去看戲（這段話是老婆後來說的），在她家客廳等著等著，等到了下午六點多，想說應該是下班時間她差不多也要回到家，然後下一秒門就開了。

老實說，我當下心裡還真忐忑，心想這到底是什樣女孩？怎會被形容的這樣美貌無缺陷！

突然門一打開，然後我二話不說、想也沒想就自告奮勇去幫忙拉開門……

我的天啊！怎會皮膚這樣黑啊！我差點暈倒！這時候我岳母跑出來看，就急忙澄清說，這是小姨子啦！我未來老婆還沒下班啦！

驚死我了！我想怎會差那麼多啦！心想介紹人也太膨風啦！

經過岳母解釋，我繼續在客廳等。

哎呦！門又開了，我心也跟著噗咚跳了一下，但竟是滿臉鬍渣表情兇惡的男人出現在我眼簾——這是和我心愛的岳父第一次打照面（後來岳父二〇〇二年在扛棺木時心臟病發作，於宜蘭墓園現場逝世，當時他還偷存錢，就是要我帶他去中國遊玩，我真的很愛他）。

下一個出現應該是我未來老婆了吧？！

怎麼門打開了，又出現一個男生！就是我現任大舅子。

唉！我還是繼續等唷！不放棄！

我苦守到晚上八點多，當門再次被打開，終於，生命中第一次邂逅了這輩子的老婆，也就是鋼鐵媽。

初見到鋼鐵媽，真的是有被她白皙的皮膚、立體的五官給迷倒，心想外表是有符合同業阿姨的介紹，還真是不錯捏！只是論個性，還沒有實際相處「也不知道是不是合我胃口」，兩人相見時鋼鐵媽是一陣害羞臉紅，而我也不知所措就傻傻地直接跟她道別，然後我留了她家的電話，之後就約了她看電影。

後來才知道，哇塞！原來我是鋼鐵媽第一個接受的男生，也是她的初戀。

2

婚宴遇地震、賓客拿開山刀鬧事……

新郎新娘進門時遇到地震，當天還有客人拿開山刀來鬧事，只能說這場婚禮實在太驚天動地。

聽小姨子後來轉述，鋼鐵媽很高傲、自負，高中時期很多男生追求她（鋼鐵媽讀三重商工夜校）。

有一次隔壁班的男同學拿花向她示愛，鋼鐵媽竟然當著男生的面把花丟到垃圾桶。到放學要去牽車時，發現機車被燒到只剩骨架，而且機車還是公司的車，是她當時的老闆借她讓她騎著上下課用的。

鋼鐵媽一想到賠償要花一大筆錢，當場哭到不能自己。鋼鐵媽家境清寒，為了貼補家用才半工半讀，想不到拒絕一個男同學對她的示好，竟換來這樣結果。

後來，鋼鐵媽都教育筑筑或翔翔別亂收別人的花。我自己倒是認為無所謂，可能是因為她當年曾經歷過那樣的遭遇才會有這樣想法吧！

認識鋼鐵媽後，第一次約她去看電影，結果我工作到很晚很累睡著了，竟然就忘了這個約定，她一直在家等電話，從晚上七點一直到凌晨還沒接到我電話，鋼鐵媽心想，是被我放鴿子了。

當天亮我睡醒後，才想起前一晚與她有約，立馬使出渾身解數、死命

地打電話（我很早就有在使用行動電話，但通話費很貴，一般人很少使用）。

發生這件事之後，我四處向可靠人士打聽她喜愛的東西，用盡心思想挽救這個得來不易的機會。經過探子的消息，原來鋼鐵媽鍾愛的歌手是周華健，於是我積極去搜括周華健所有錄音帶打包成禮物。

當時，我真的覺得自己戀愛了，墜入愛河、奮不顧身的。

我發誓眼前這個乖巧的女生，我一定要娶回家，交往了一個月，我就帶她見我的老爸老母。他們都很喜歡，也很積極要去講婚事，但是鋼鐵媽就是一直不嫁給我。我想，是矜持吧！

最後，鋼鐵媽被我做的很多事，還有我的真誠所感動，終於點頭願意嫁給我了……。

其實是……鋼鐵媽懷孕了，肚子有翙翙了。這對我和阮家是件大事，我是長男，也是長孫，這肯定要風風光光迎娶。

結婚喜宴的流水席，我們擺了一百多桌，這可是這個行業前所未有的創舉。結婚當天甚至可說是「驚天動地」，除了在新郎新娘進門時遇到地震，當天還有客人拿開山刀要來鬧事的意外插曲，只能說這婚禮實在太……。

然而，婚後的日子過得很平順，鋼鐵媽都乖乖在家幫忙，不曾讓我擔心。

鋼鐵媽人際關係非常單純，並不喜歡交朋友，應該可以歸功於她的高傲吧！不過這樣倒是讓我很省心思，不須擔心她因為年輕而愛玩。

之後公司事業也蒸蒸日上，反正人說五子登科、少年得志，我就是這模樣，這個時期口袋常常都是滿滿的鈔票，天天花天酒地，好像這就是人生。

日子也就悄悄往前一天一天地更新，聖翔、詠筑陸續出生，雖然在這中間也有來不及成長就夭折的小孩，但這個家，靠著老爸老母、老婆、小孩，就這樣維持住了。

3

事業得意／家庭美滿的人生勝利組……

人生第一輛保時捷跑車、
人生第一個一百萬、
人生第一間房子、
人生第一次娶老婆、
人生第一次當爸爸。

一九九四年，我二十四歲，鋼鐵媽二十歲，聖翔出世在婦產科。等候時刻，我的一群好友還在床鋪上玩著撲克牌，老婆哀哀叫著說「以後不生小孩了。」一直不停罵人。

撐到晚上十點三十分，醫生問「要不要簽剖腹手術？」因為鋼鐵媽從早上哀叫到十點多，有點接近難產，於是我簽了同意書。

終於……。我當爸爸了！

聖翔出世了！可是，怎麼剛出生的嬰兒會這樣醜？

我說「怎麼都不像我們夫妻倆，皮膚皺巴巴的像個老公公似的」，但時間一分一秒過去，我卻越看越喜歡他。

三年後（一九九七年），愛女筑筑也誕生了。

人生第一輛保時捷跑車、人生第一個一百萬、人生第一間房子、人生第一次娶老婆、人生第一次當爸爸……，年紀輕輕就擁有一切，我是人生勝利組，事業得意、家庭美滿，創立自己家庭的我更努力工作了。

輝煌時期，一個月生意可以達到四十幾件，月收入肯定會飆到千萬。以前喪葬費一人至少四十萬以上，錢財就滾滾入袋，但我都不經手管錢，掌管經濟大權的是我最愛的老母，老母從來不會小氣，給的零用金都厚厚的。

反正人只要口袋有錢，走路就有風，相對著就顯出傲氣。所以旁人都稱我是小開。

說真的，我真討厭這個稱號，我也有努力賺錢啊！我又不是賭博或靠爸一族，我只是跟著老爸老母一起做生意的小伙子，何來小開？

這行業在以前那個年代競爭少，要說獨占鰲頭的特殊行業，非我們莫屬，所以當時還真不知道窮字怎麼寫。其實在那段時期，臺灣經濟還真繁華，不管各行各業都賺得飽飽的。

可能太過招搖，身上總是穿金戴銀、金光閃閃，所以引人想犯罪。

有一次預備要出門，招了一輛計程車，眼前突然出現見面沒幾次的朋友，兩人半推半就的將我推進車裡，原來這就是——綁架。

他們打算將我押到山上，還好他們沒帶槍，只是想勒索錢財。我就在車上與他們斡旋，趁他們不注意時趕緊開門連滾帶跑的逃離。

還有一次，我騎機車去收治喪費，以前都是收現金，新台幣四、五十萬的。就這樣放在車廂裡，當時脖子依然帶著很粗的金項鍊，結果又被歹徒給盯上，我從喪家出來後他就一路尾隨，在我停紅路燈時，把我的金項鍊一扯給搶走了。

我摔倒在地上，身體有許多擦傷，還好現金沒被搶，但是從此以後，只要出門我都非常小心翼翼地觀察四周，絕不走同一條路線，就算離目的地很近，還是會繞路，我也教育小孩和老婆，必須這樣做，而且身上不要帶太多現金，以免危險。

4

一夕之間負債五千萬／天天被人追債……

某天，老母哭著說，

我們欠外面帳款很多錢，

支票可能要跳票了。

這行業一忙就是非常地忙，但相對空暇時間也多，所以這同業很多都是賭徒。像我老爸就是很典型的範兒，因為以前在土城山上扛木材很辛苦，剛搬到板橋也是在賣棺木，他常常可以一人背著重達百斤的棺木上車，所以他合理認為空暇時間去賭博，是他最大的生活消遣及消解壓力的方式。

為此，老母常常帶著翔翔去賭場堵人，回來後又是一陣爭吵。

後來棺木店被葬儀社倒了太多帳，錢都收不回來，所以老母堅持要轉型做葬儀社，所以一邊賣棺木一邊開始做葬儀。老爸就開始去各處佛教團體拜訪。

以前葬儀社都是道教，做佛教儀式老爸是第一位，延續至今公司還是以佛教禮儀社的初衷持續經營。

結婚前、結婚後，家裡經濟權都是老母一人掌管，所有買房、賣房、資金周轉，我們都不知道，整天只知道身上會有足夠的鈔票，根本沒有金錢概念，然後買車、買房、家裡開銷、零用錢都還是跟老母要。

直到二〇〇〇年年底（當時我二十九歲）某天，老母突然哭著說，我們欠外面很多錢，支票軋不過來要跳票。

於是開了家庭會議，老母訴說我們從土城搬到板橋第一間房子，然後隔壁還有二樓、三樓、五樓陸陸續續買入；加上老爸經常賭博輸錢；還有將支票借給舅舅，但票期到了，舅舅卻沒還錢；另外我和老婆又向阿姨借了二十萬，在桃園買的房子……。

我將欠債的金額林林總總加一加，超過新台幣五千萬元！這對我來說，無疑是晴天霹靂！原本事業、家庭都順遂的我，一夕之間必須扛下家中五千多萬負債。

家庭會議結束後，我和老婆扛起這些債務，為了生活，把眼前桃園房子拋棄，讓它被法拍，不足額也只能就先欠著，支票部分就只能跳票。導致我們的信用是瑕疵的，名下不能有財產。

我和老婆還有老媽向債主一一商量，分期付款還債，很慶幸老母當初不是向地下錢莊借錢，要不然我們一家就要收拾家當準備躲債了。

還債的日子真不是人過的，每日、每夜，電話一直一直響，不能漏接，因為做生意，白天晚上電話響聲沒歇過，債主也陸陸續續一直出現，時常面對了一位、處理了一位、又跑出了一位。還債的日子也有遇到黑社會帶著槍，拿著一堆跳票來要債。

而請黑社會來要債的，是一間我們配合十幾年的廠商，還有一點點遠房親戚的關係。所以，人情冷暖，還真的在這次還債過程看得一清二楚，所有有關係的、沒關係都是看錢在做人。但我也感謝有幾位債主讓我們可以慢慢還債！

從人生巔峰跌到谷底的我告訴自己，「我還年輕！我不會倒下！我不信我就這麼被考倒了！」於是，我把這個變故當作是個人生的課題，接手了這個棘手的問題，而老爸也在這個時候，決定將公司的經營交棒給我。

這時的我，總算是真正擁有屬於自己的事業了，只是這個事業不是從「零」開始，而是從「負」開始……

5

被負債壓的喘不過氣／生活沒有任何嚮往……

五千多萬，
對當時的我來說，
不僅是個天文數字，
更是人生前所未見的重大考驗。

扛下負債的重擔後，我要顧及的，不僅是自己的妻小，還要肩負著整個家族未來的盛衰，這擔子確實沉重！

五千多萬，對當時的我來說，不僅是個天文數字，更是人生前所未見的重大考驗。

心裡很著急，但我告訴自己要好好思考，要沉住氣。唯有冷靜思考如何解決，事情才有可能有轉機。於是，我決定從殯葬業這個本業著手。

殯葬業在早期的工作方式，可說是亂無章法、見招拆招。

我很早就看透了這點，更清楚整個大環境的走向，消費者意識抬頭，需要的不再是這套古板、模糊的方式。

消費者是要清楚、透明的流程與規劃，所以我努力思考、仔細分析、綜合比較許多執行案件的細節與流程內容，制定出了一套從接案到圓滿結束案件的標準作業流程。我把流程透明化，透過禮儀師與家屬的溝通協調，讓家屬在治喪過程中，不再是禮儀公司說什麼，家屬就傻傻地照做，完全不知道這麼做的意義與原因何在。

我甚至把各項服務、用品價格公開標價，從此價格不再是禮儀公司漫天喊價，家屬只能被迫接受。更把各種治喪流程會用到的物品、用具都精緻化，讓家屬在治喪過程所接觸到的用品，不再是既有印象中的粗劣製品，而是能感受到溫馨、精緻、貼心的優質服務。

在公司內部管理方面，我制定明確的上下班機制、廣徵人才加入，員工不必再日以繼夜工作，可以有適當的休假，工作時也更有效率。

我讓員工上班時一律穿著英挺的制服，讓喪家面對的不再是穿著背心、踩著拖鞋的葬儀社，而是由一群衣容整齊的專業人員提供服務。

同時，在老婆細心的協助下，我們也很仔細很精準地規劃著，公司有了收益，除了固定償還負債以外，也開始規畫著將公司「改頭換面」，甚至通過了 ISO9002 認證。

在裝潢上也慢慢地改變，讓葬儀社看起來不再像刻板印象中烏漆麻黑一樣令人害怕，而是看起來感覺溫馨猶如置身高級飯店般的舒適！

一連串的改革，讓我所經營的禮儀公司與其他業者大不相同，家屬的肯定與信任，也讓我更堅信自己大刀闊斧的改變是正確的！

雖然我的公司只是一般小型公司，但用嶄新的觀念及企業經營理念，讓這個小公司就像大企業一樣穩健的運行著！所以當時負債五千多萬的同時，還重新裝潢公司，很感謝當初不怕我們逃跑的貴人，可以繼續借錢給我們，讓我們繼續營運。

那個時期的我，為了解決這些負債，日以繼夜的工作，工作之餘就是不停地思考。思考該如何賺更多錢？該如何更快解決負債？

雖然我的辛苦與堅持被大家看見，但是我心裡的壓力卻苦無宣洩管道，只能一再往心裡累積、壓縮，猶如緊繃的琴弦，我感覺自己就快崩裂了……

6 每天花天酒地／把壓力丟給老母和老婆……

每天騎車、帶隊去環島，
身上有錢就花天酒地、
把妹、夜夜笙歌，
幾乎不回家。

還債的壓力、工作上的壓力、家庭的壓力、種種壓力，讓我很想逃避、很想離開。我的人生從高處瞬間跌到谷底，一夜之間全部顛倒過來。以前奢侈地過日子，現在得低聲下氣、苟延殘喘存活著。

在還債期間，公司又遇到好幾次暴力討債、好幾次要勒索恐嚇的、來砸店的，逼得我要與黑白兩道套關係，也因此結交了各式各樣的朋友。某天，一位昔日的「毒友」來找我，身心俱疲的我，找不到放鬆、宣洩的方法，就這樣，又接觸了安非他命。

雖然我告訴自己，「我以前不是一樣成功戒掉了！就算再吸，我一樣能戒掉！」但是，我還是再一次讓自己陷入安非他命的深淵……

剛開始是為了要提神，加上當時取得算是相當容易，只是我沒讓老婆、老爸老母知道，都是在外面與朋友一起吸食安非他命。

還債日子猶如漫漫長路，在這過程中，我存了十萬元，於是乎在二〇〇四年與朋友合夥開了第一間大型重型機車租賃公司。二〇〇三年政府法令通過大型重型機車可以考照掛牌、可以上路，當時我也從無牌

騎重機等到變有牌，就趁著時機開了全臺灣第一家大型重機租賃公司，生意可真火紅了，愛好重機又無資金買車的同好，成就了這公司的穩定生意來源。

那段時期可以騎著車、帶隊去環島，然後身上有錢就花天酒地、把妹、夜夜笙歌，幾乎不回家，把還債的壓力統統都丟給老母和老婆，一個人逍遙在外過自己熱衷的日子。

開租賃公司有些賺頭，又因為陸續有股東退股，我就全盤攬下並擴大門面，將隔壁的房子租了下來，經營人身部品（註）部門、SPA館，還有自己夜宿的房間。

那段時間因為我常不在家，老婆懷疑我有外遇所以常常吵架、甚至於打架。老婆常來店裡找碴，我們關係破裂到極點。因此我不讓老婆來店裡管帳，也不想見到她。這樣爭鋒相對的日子真煩人。

做了租賃公司一年多，接著我又在天母頂下一間餐廳，我想把我的理想給實現，開了一家結合重型機車主題的複合式餐廳，把從租賃公司賺的錢全投資在這裡；但開了接近半年，把之前賺的錢給全賠光了，加上自己經營不善，後來必須讓餐廳關門大吉還不打緊，結果連租賃公司都給停業了，只能回家，認命地做禮儀社。

老實說，我生意頭腦真的不錯，禮儀社可以從傳統產業轉型成公司營運，雖然這中間與老爸革命不下百次，因為我們父子倆經營理念不同常常有衝突（還記得我三十幾歲時，因為外遇不照顧家裡妻小，老爸拿棍子揍我，從家裡二樓打到一樓，狠狠把我痛打一頓。雖然老爸老母是因為疼愛我老婆而揍我，但是當時的我，好歹也為人父欸）。

到現在公司有如此規模，我也挺佩服自己的，雖然過程中意外的插曲著實不少，但也讓我實現了葬儀王國的夢想。

註：人身部品指的是袖套、安全帽、防摔衣褲、連身皮衣等。

7
飄臭才被發現的獨居老人／大園空難／哭錯對象的家屬

客廳地上布滿屍水，
腳一踏就會發出「嗖、嗖、嗖」聲，
空氣中瀰漫著屍體腐臭味。

坦白說，我並不喜歡做禮儀社，雖然在這行業能看透人生，但我其實很害怕味道和接觸屍體，從業這麼多年有N次難忘的經驗……。

記得某一次，接到一個萬華自宅獨居老人的案子，由於亡者的家屬都居住外地，亡者是往生幾天後才被發現。我接到通知，帶著安靈用品，帶著員工及居士到現場引魂。

喪家是在三樓舊式公寓，樓梯是筆直上去的那種。當我到達現場與家屬會面時，很疑惑為什麼家屬都戴著口罩在樓下？想想辦正事要緊，便不疑有他的準備上樓安置牌位，搭建簡易靈堂，準備引魂。

亡者是逝世在房間裡面，當我們準備要踏入屋裡時，客廳地上已佈滿屍水、腳一踏就會發出「嗖、嗖、嗖」的聲音，而空氣中已瀰漫的屍體腐臭味，讓我受不了拔腿就衝到一樓猛吐。

家屬還來輕拍我背安慰我，真是丟臉！

休息一會兒後我重新上樓，同事已架好簡易靈堂（正常都是在亡者腳邊立一張桌子，豎起牌位做儀式，家屬得跟拜）。

奇怪的是，居士開始引魂，家屬一直後退，原來居士也是新任的，一邊引魂一邊倒退。因為味道實在難受，他就一直拿著鈴鐺鈴鈴鈴地一邊往後退，家屬也一直一直退，都退到快二樓了……。

但是，艱鉅的時刻才真正要開始。

我們準備將大體移動到殯儀館，我和同事戴著手套移動大體，一碰觸泡浸屍水多時、皮膚已成潰爛散軟狀態的大體，我摒住呼吸、慢慢移動，但我的胃卻是不停翻滾著，如此折騰了一段時間後，才終於將大體裝進屍袋，準備扛往殯儀館。

下樓更是艱難，排前面扛頭部的我最難受，加上遇到筆直的樓梯，後邊的工作人員一直往前推、所有力量都會往前壓，我的胃一直劇烈翻攪，鼻孔一直竄進腐臭的味道，不停犯嘔……。唉！賺錢真的難啊！

在此之後，我變得聰明了。

以後只要遇到這種特殊狀況，就會請別的同事先去處理，後續我再與家屬溝通規劃喪葬事宜，在執行過程我喜歡與家屬聊天。從聊天過程中我已經在腦海有概念該怎麼規劃，也與家屬打成一片，成為好友。這是我喜歡的！

而一九九八年的大園空難，也是我難忘的經驗。

因為公司很少接到意外案件的，一般都是自然往生的老菩薩居多，一些車禍的、跳水的、自殺的，雖然有接洽，但現場都是找弟弟或同事處理，我則負責後續事宜。

像大園空難這樣的重大災難，幾乎全新北市、台北市、桃園市，甚至南部的葬儀社，全部總動員，不分區域全體投入救災。

而我們參與的部分就是以我們的專業來處理後事，用車子載遺體去殯儀館。已數不清跑幾趟。現場血腥味很重，我們自顧不暇埋頭就是一直載，支離破碎的屍塊就一堆一堆載。當時很少遺體是完整的。

還有常常遇到哭錯人的家屬。

以前公司還未裝潢，加上同時會接好幾位亡者，常常一個空間躺著五、六具大體用黃幃布圍著，常會有家屬問也沒問長輩在哪一個位置，就直接從門口爬著哭進來一直喊「阿爸～阿爸～」直到爬到大體旁，握著亡者手、看到臉，才突然大叫「阿爸怎麼變成女的？」

很多在外的遊子，因為許久沒見到長輩，根本不知道長輩會老得那麼快，所以我很相信「生前吃一粒豆，好過身後拜一顆豬頭」來得實在，孝順真的要及時。

說到底葬儀這行業真不是人幹的，全天二十四小時待命，白天告別式、晚上做頭七、半夜接體，這是這行業辛苦的地方，所以從事這行的，都是紅內褲穿外面的超人，然後每天都面對著悲傷，因此得常常在工作中找樂趣。

例如告別式儀式中，有個過程叫「封丁」，就是居士要右手握斧頭、左手捧著釘子，再分別將釘子釘在棺木的四個角落上，過程中居士要講好話，家屬要跟著應答。

記得有一場告別式，居士一邊沿著四角敲釘子一邊說「子孫有孝順麼！」家屬應答「有喔～」。

「子孫有賺大錢麼！」家屬應答「有喔～」

然後居士一不小心，斧頭敲到自己手指，突然大喊「幹○娘芝麻！」家屬也跟著大喊「有喔～」。

我當時憋笑憋到肚子痛，至此後，這位居士就傳成了笑話，也成了這工作中的些許趣味。

這行業的從業人員，犧牲與家人相聚的時間，但相對的收入也比正常上班族來得優渥，資深的禮儀師一個月都十來萬上下，也算是犧牲時間換取收穫的行業，但得先自己克服心理障礙。

8

吸安後產生被害妄想／中斷記憶等症狀……

吸食安非他命的日子，
記憶是模模糊糊、反反覆覆，
真是痛苦，
卻又戒不掉吸安的壞習慣。

結束租賃公司和餐廳後，我回家繼續幹本行，再次過著又要還債和又要工作的雙重生活。因為又得面對以前的困難與無形的壓力，再度讓我想逃。

這次我還是選擇逃避，在家附近租了一間廠房，用來放公司和自己的車子，樓上有隔間，我就逃到這個空間，開始接觸以前狐朋狗友。當然，又再度接觸了安非他命。

這時候，聖翔十八歲，筑筑十五歲，我仍然錯誤地選擇繼續迷失自己……。

在廠房居住的日子，聖翔還三不五時來廠房看看我。其實，聖翔一直一直擔心著我，常常安慰媽媽，跟她說「爸爸會迷途知返的」。

這還是經過老婆轉述才知道，因為那段日子我真的沒印象，記憶是模模糊糊、反反覆覆，真是痛苦，又戒不掉吸安的壞習慣。

很多時候，記憶都是要拼湊才能呈現，每次吸食完安非他命後精神飽滿好幾天、好幾夜，我又得去找精神科醫生開安眠藥給我吃，因為睡不著頭會痛。

世上怎麼會有小孩在擔心父母，我真的是失敗的父親。上天派聖翔來指引我走向人生正途，而我卻一而再、再而三地犯錯（現在總是悲痛地問著上天，走的為什麼不是我？老天爺啊）。

我真的很自私，以為孩子們有老母和老婆陪伴，就會自己長大，在他們成長過程中，我這個父親，只是一個無法扛起責任的陌生人。

而聖翔和詠筑，也因老母和老婆教育得很成功，從不認為我是個自私的爸爸，也不知道我做了那麼多荒唐的爛事。

至於那段迷失自己的日子，我真的做了很多荒唐事。

吸食安非他命後，腦袋會一直產生被害妄想症，但還是止不住的跟家裡要錢買毒品。甚至因為吸食安非他命、專注執著到一個無人能及的境界，竟然發明了很多專利，我也很自豪地與幾個友人成立公司，但因為自己財務方面入不敷出，早早把這個公司結束了。

但結束公司後的那段期間，友人不悅，要我還錢，又找黑道來索賠，我讓老婆一個人面對黑道的追討。

其實投資都有風險，只是那些投資客也都不是正常人士，公司關門了還一直不斷騷擾我老婆、逼她還錢，而我自己則因為吸食安非他命過量所產生的被害妄想症，沒日沒夜地壓迫，而選擇消失，躲進只有自己的空間，又讓老婆一個人面對。

9

一萬元欠二十一年／用別人名字辦電話

我用黑豬大哥名字辦的電話費，
至今未結清，
黑豬大哥也就……
一直沒再光顧這間電信公司。

依稀記得一九九九年（九二一地震那年），我帶了一筆錢到桃園龍潭成立「聯豐分公司」。當時，結識了二位非常疼惜我的大哥，一位是現任警察小隊長「白豬大哥」，還有一位是退役警察「黑豬大哥」鄭勝席。

這二位在龍潭，可是人稱「龍潭黑白双豬」的響叮噹人物。

在那段龍潭荒唐日子裡（我沒有戒掉安非他命，而且他們當時都不知道我有在吸安），他們提拔我、幫忙我，甚至還發生很多好笑又烏龍的事。

當時我在黑豬大哥開的pub裡，用了很瞎的名義向黑豬大哥借了一萬元，接著又用黑豬大哥的名字辦了電話。而我對這段過去，竟然完全沒有任何記憶。

一直到二〇二〇年六月十八日的下午，在黑豬大哥家聊起這段往事，才知有這段過往。我忍不住跟黑豬大哥說：「你怎麼可以忍這麼久不跟我要錢啊？」

更好笑的是，我用黑豬大哥名字辦的電話費，至今未結清。黑豬大哥也就一直沒再光顧這間電信公司。哈哈……真是憑白讓這間電信公司損失了一個客戶。

唉～唉～～有夠丟臉的，講到這段過去，我巴不得挖個地洞鑽進去。黑豬大哥還說，當時的我總帶著各式各樣的女人出現。由於我都住在龍潭分公司，自然會有粉紅知己來相聚，這我倒是有一點點記憶，只是對象是誰，我就真的不記得了（真的完完全全沒印象）。

過了二十一年，我終於償還欠黑豬大哥的「一萬元」，他還跟我聊了很多過去我住在龍潭的生活日常。這一萬元延伸的人情，讓我好愧疚又好感動。

當黑豬大哥閒聊這段荒唐史時，我和鋼鐵媽笑到翻掉，越聊越開心也越聊越起勁，二十一年前的記憶，在二〇二〇年六月十八日這天被黑豬大哥給喚醒，雖然當時所有片段的回憶一一湧上，但都是斷斷續續，沒有一份完整的。

真心奉勸大家不要碰毒品，才不會像我這樣，所有開心的記憶，都需要借助他人述說才能呈現，而無法擁有自己本該有的完整回憶。

真心感謝過去曾經幫助過我的貴人和一起成長的朋友，也請以前有被我傷害過、得罪過的人原諒我，感恩再感恩。

10

拉我一把的人，這輩子「不能忘」！

警官和兄弟配合我的妄想症
演了一場救援戲，
降低妄想症給我帶來的焦慮、恐慌。

我向老婆承認吸食安非他命，並把公司託付給她管理，請求她讓我離開台北去外地戒毒。心疼我的老婆，拿了一筆錢給我。

我用這筆錢，獨自一人帶著行李、開著跑車，來到完全陌生的台中，租了一間高檔豪華套房住，下定決心要開始重拾正常生活。每天，我就把自己關在套房裡面，一直思考著，未來的路要怎麼走？一直想著，自己戒毒成功，就可以回歸家庭再享受天倫。

但，當我在台中自由自在、逍遙過著安逸日子的時候，卻把爛攤子全都留給了老婆，完全沒想過老婆可不可以承受。

離開台北以後，我真的切斷與所有朋友的聯絡，連家人都不太敢聯絡，因為我很擔心老爸老母知道我還在吸安，會對我很失望。甚至，有次老婆帶著聖翔到台中想要探望我，我因為毒癮還沒戒除，覺得沒有顏面見妻小，所以躲起來不見他們……甚至於還從八樓搬到其他樓層，讓老婆找不到我。

然而，獨居的生活、切斷與外界的聯絡，並沒有讓我成功戒除吸安。

反而因為安非他命的關係，讓我變得更加神經質。

唯一可慶幸的是，我吸安一向都是自己躲起來，也不會因此失控，一直以來都很少人知道我有吸安，因此也沒出過什麼亂子。

喜歡熱鬧和交朋友的我，在台中重回花天酒地的生活，期間也結交許多在地朋友，原以為換個環境、切斷與朋友的聯絡，可以戒掉毒品，沒想到沒有家庭的束縛，反倒讓我越吸越大。

因為時常流連聲色場所，甚至變本加厲交了一個台中女友。然而生活作息並沒有因為女友的介入，就步上正軌。我的妄想症變得更嚴重，總是妄想有人迫害我，任何風吹草動我都懷疑老婆派私家偵探來調查我、想害我。

記得有一次，我看到感應式垃圾桶（就是手伸過去，桶蓋會自動打開）的燈，以為是老婆在我住處安裝的監視器，二話不說打電話報警，說「有人要害我，快來救我！」

沒多久，警察真的來了，我卻反問他們「你們是誰？有沒有警證？」

接著把門甩上，留下二位錯愕的警察。其實那時候的我，已經有很嚴重的妄想症，明明是我報的警，卻對上門的「真警察」疑神疑鬼。

「大ㄟ，有人要害我！來了兩個帶槍的人站在我家門口要害我。」後來，我還分別打電話給結拜大哥藍文仲警官和我在台中的麻吉文政求救。

不到三十分鐘，文政先到，他帶了一票兄弟來接我，頓時我的套房樓下的騎樓浩浩蕩蕩站了兩排兄弟，而剛剛在家門口的那兩位卻不知所蹤（多年後聽文政轉述，那兩位員警為了證明身份，返回警局拿證件，還說這是他們頭一遭被報案人質疑身分）。

接著文政帶我到他的招待所泡茶、聊天，他們夫妻甚至一夜沒闔眼的陪我到天亮。

隔天，我再抱著垃圾筒去找藍文仲警官的友人邱量虔小隊長，他們陪我演了一齣戲，「假裝」找出要害我的人。他先是安撫我，再若有其事的找其他隊員幫我檢查垃圾筒的監視器，邱小隊長看到我說「從現

在起，你把電話號碼換掉，換一個新號碼，只跟我聯絡就好，你好好睡覺。」

為什麼說是假裝？因為幾年後回想，他們當時一看到我，就知道我因為吸安而產生被害妄想症，但他們不直接戳破我吸安的事實，也不跟我來硬的，而是配合我的妄想症演了一場救援戲，來降低妄想症給我帶來的焦慮、恐慌。

現在，每每回想這段往事，我都十分感激文政和藍文仲警官及邱量虔小隊長在我荒唐的時候，拉我一把！

11

夢到自己變成一具死狀甚慘的屍體……

靈魂抽離了軀體，
飄在半空中，
看著躺在床上的自己，
是一具死狀甚慘的屍體。

「救援戲」結束後，女友搬進套房和我一起生活，沒多久，疑神疑鬼的我與她搬離老婆知道的住處，因為我怕老婆要害我。

雖然搬家，但還在同一社區裡，老婆依舊每個月匯錢給我生活。而車子的貸款、刷卡的單子、繳費單、房租租金……等，都是她在付，就只是為了要讓我戒掉壞習慣。

在台中居住了快二年，也等同於自己沒工作的狀態持續了二年，所有花費就是跟老婆要，要不到錢就用自己想死、鬧自殺來逼。而老婆總是心軟，每次還是會匯錢給我。

搬離舊套房後，我的幻想和被害妄想沒有停過，甚至變本加厲。有天，我從電腦的瀏覽記錄發現女友竟然在偷看我的銀行交易記錄，我懷疑她想謀財害命，於是和她大吵一架後把她趕出去。

事實上，她並沒有偷看我的銀行交易記錄，當時全是自己的幻想，一點風吹草動都覺得有人要害我。奉勸大家，毒品真的不能碰，安非他命讓我產生精神錯亂、思想障礙、多疑、幻聽、被害妄想等。

二〇一四年中，我發現這個環境並沒辦法讓我戒除毒癮，而且身上所帶的錢也已經用盡，加上與女友分手，才又摸著鼻子乖乖搬回台北。

回到台北的我，仍然不願回家與家人同住，於是自己一人住到公司的車庫，不變的是，我仍然因為染毒而封閉自己，拒絕與外界有所接觸……。

將自己封閉的期間，我嘗試自己改裝自己的重機。

有天，我突發奇想，想在自己重機的行李箱改裝成自動開啟與關閉的連動裝置，甚至在研究成功以後，用相同的概念去研發可以運用於生活的門鎖。而後，我也用這兩樣發明順利申請了發明專利。

二〇一四年十一月某天，我在睡夢中，夢見了一個改變自己的惡夢。

在夢境中，我彷佛像是靈魂抽離了軀體一般，飄在半空中，看著躺在床上的自己。而夢境中的「自己」，是一具死狀甚慘的屍體。

從事殯葬業多年，照理說是不會畏懼看到屍體，但是，也許是因為「主角」一換成了最熟悉的自己，所以我感到前所未有的震撼與恐懼！

我開始思考，覺得自己不能再這樣封閉自己。我覺得，這場夢是不是在警惕自己，給自己預告和警訊？如果再這樣繼續封閉下去，會不會哪一天這個夢境就會成真呢？

我告訴自己，該走出來了！但是，我非常清楚，想走出來，如果不把毒戒了，我根本沒辦法坦然的面對外界。

「是時候下定決心了吧？」我這麼告訴自己……

二〇一四年十一月底，我決心要把毒戒掉，收拾簡單的行囊，出發前往湖南。一方面想藉機讓自己換個真正完全陌生的環境，這樣就能完全阻斷能接觸到毒品的管道；一方面想去看看有沒有什麼可以發展的商機。

到了湖南長沙，我去找一位曾經來過臺灣的中國車友。以前，我與這位車友互動得很頻繁，鐵了心要戒毒的我，在這時候才發現，自己終於能夠用開闊的心去與人互動，慢慢的，我對自己越來越有信心，對陌生人也不再這麼抗拒。

漸漸，我不知不覺中已經擺脫毒癮！

12

沒有戒不了的毒，只有你願不願意……

很多人都不知道我已經成功戒毒，對我仍保有防範之心與敵意，甚至朋友、長輩、親人都和我保持距離。

二〇一五年農曆年前夕，我回家了。經歷了一個多月沒有毒品的日子，我確定自己已經成功把毒品趕出自己的生活，於是，在一月十八日，我回到家裡，回到這個我脫隊多年，卻又懷念多年的家。

老婆、小孩、老爸老母，無條件接受我，也歡迎我的歸來。而家裡的債也還得差不多，至今雖然還欠幾百萬，但持續慢慢還，總有一天會還完的。

這次，我真的下定決心要改掉壞習慣，重新換了手機號碼、重新生活，準備扮演好兒子、好丈夫、好父親、好老闆的角色。

這段不在家的日子，辛苦了老母、老婆和孩子們，我告訴自己「我一定可以改，好好彌補、重新建築起一個溫暖的家庭」。回家後，我盡全力要去尋回曾經迷失了好久好久的自我，和身為一個男子漢的衝勁，也要調適自己心態。相對的，其實老婆和小孩子們要花更多心力來適應我這迷途返家的浪子。

自從我染上惡習被老婆知道後，她從不曾在小孩面前說句罵爸爸的壞話，所以他們根本不知道我曾經是這樣惡劣地對待著他們心愛的媽媽，只知道他們爸爸時常不在家、常常消失的無影無蹤，經常看到媽媽夜裡流淚，自己喝悶酒。

我傷透了老婆的心，讓她自己背著還債的壓力、公司的壓力、還有枕邊人無情的背叛，而老婆沒有因此而拋棄我和這個家。老婆二十歲就嫁給我，一路陪伴著我歷經那麼多的苦難，真的難為她了。

回歸正常生活的我，開始把重心放在工作、家庭，其餘空閒時間，就去騎車。

在那段時間，我也積極地與殯葬同業朋友互動，在朋友熱情的邀約下，我還加入了由殯葬同業車友組成的「送行者車隊」，開始一改過去那種不與同業交朋友的態度。

以前的我，在同業的眼中，唯一的印象只有「高傲、不可一世、難相處」。

即便我明知道有很多人都不知道我已經成功戒毒，對我仍保有防範之心與敵意，甚至有朋友、長輩、親人都和我保持距離，但我仍堅持做自己，把自己重新燃起的熱情散發出來，因為我要用行動讓所有人感受一個全新、截然不同的我！

第三章

我是鋼鐵爸

1

聖翔，你是讓我非常驕傲的兒子……

聖翔貼心的程度超過我百倍，
他從小不讓大人生氣，
很識大局、功課成績一級棒

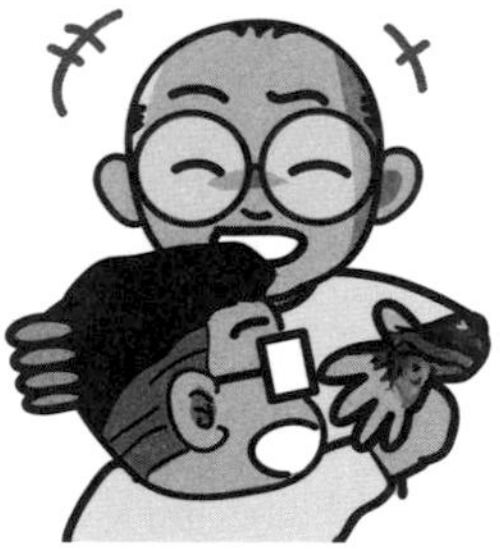

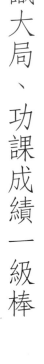

這次回家老婆最開心，認為老公終於浪子回頭了。

可是，老天爺又給我們很大很大的考驗，開了很大的玩笑。

在二〇一五年四月十九日晚上八點四十四分，狠狠地將我們心愛的聖翔給帶走。我們的世界就此停住，失去了未來的所有希望、失去最愛的寶貝。

我把聖翔和詠筑會長大視為理所當然，聖翔也在我沉淪頹廢時、不知不覺地長大了。

長大成人的聖翔，跟我有著非常多相似的地方，我們可以輕鬆的溝通。原來我們父子可以聊天、聊男人間的私密對話。

聖翔十八歲生日那天，我跟他說「爸爸要送你第一次，就是夜店，哈哈。」所以聖翔在二〇一二年十二月十九日在夜店PROMAL獻出他的人生第一次，而且我們還談到無數無邊無際的未來規劃，那時我才意識到，原來聖翔已經真正的長大，思慮成熟到可以為我們的未來打拚了。

自從聖翔有駕照後，就經常騎著他的偉士牌愛車上課、趴趴走，我也很贊同，因為他長大了，對於未來的一切打算，都得試著靠自己去承擔，所有夢想要自己努力把握機會、腳踏實地去實現。

身為父母，難免還是會耳提面命的提醒他騎車別像小屁孩一樣，但是聖翔做任何事情一向是很穩重的，根本不用我擔心。

日子很快就過了，我也記得不是很清楚，差不多到了聖翔滿二十歲的時候，他說想學會騎重機、和我一樣帥氣挺拔的模樣，所以媽媽讓他去報考重機駕訓班。

其實早在聖翔十八歲，他就已經順利地考取手排駕照和機車駕照哩！

聖翔從小就是電玩遊戲的高手，我也告訴他「就把騎車、開車當成打電玩，方向盤、手把握準，就是這模樣」，聖翔在我心目中非常有著未來車神的姿態，我這個當爸爸的可是很驕傲、滿足的。

只是聖翔，他與我個性不相同，因為生長環境不同，雖然我與聖翔同生肖、同星座，但聖翔貼心的程度超過我百倍，他從小不讓大人生氣，很識大局、功課成績一級棒，常常拿市長獎、縣長獎、當模範生。

他也超疼愛小他三歲的可愛妹妹詠筑和堂弟妹、表弟妹，從妹妹一出生，他就知道自己必須憐惜呵護妹妹，從不曾對妹妹說一句重話、從不跟妹妹爭，也從不曾對長輩頂嘴或犯嘔氣的情況發生。

聖翔非常優秀，是我們阮氏家族的榮耀！

2

一座橋，與聖翔天人永隔……

碰一聲，你就回不了家了。

碰一聲，我們就此別離了。

自從聖翔有機車後，他總是貼心到極點，不管是媽媽交代辦事，或是長輩交代處理的一些雜務，還是護送妹妹上課，抑或是朋友、同學需要陪跑及考照，他從不推諉或失信，即便他還有很多事要做，像是學校的畢業展、女朋友的事、公司的事……等等。

聖翔總是在出門回家前，會打電問問我們想吃什麼小吃，順道買回來，我們也很習慣、很自然差使他做任何事。

二〇一五年四月十九日這天，我帶著老婆、筑筑一起參加車友聚會，而聖翔獨自在家。

晚間八點，聖翔騎著機車，載小舅志韋返回新莊住處。要回程返家前，貼心的聖翔還撥了電話給我，問我們到家了沒？要不要為我們帶什麼吃的、喝的回家？而我也如往常地向他點菜「排骨酥和甘蔗汁」，最後他一聲「好！」很平常、很習慣……。

晚上八點四十分左右「歐伊～歐伊～歐伊～」聲，聽到時很自然。因為從事殯葬業的我早就聽慣這樣類似噩耗宣告的聲響，再說距離家的

位置大約一百公尺處有消防局，再往前五十公尺就是醫院，住家樓下走路不到三分鐘便是殯儀館正門路口。

在此地定居了三十多個年頭，從蕭瑟無人的半荒地，直到如今吵雜喧鬧的殯葬業大街，我想，發生再怎樣的大事件我也早已習以為常，甚至無感。但，這次卻……

在家等候聖翔回家的我們，等到九點多，心中突然一陣不安，老婆說「聖翔怎麼說要回家了卻電話轉語音？」因為聖翔從不會有這樣讓人擔心的時刻，一定電話一響就接，不會讓我們找不到人。

就在這時候，家裡電話響起。電話那頭，警方告訴我，聖翔出了車禍在醫院急救，請我趕緊到醫院一趟。

我不以為意，以為只是一般的小車禍，因為聖翔平時的駕駛習慣與技術讓我很放心，應該不至於太嚴重才對。

這時的我還沒意識到事情的嚴重性，到了醫院急診室，感受到現場的氛圍，從事殯葬業多年的我，終於意會到是怎麼回事了。

當我看到躺在急救擔架上那滿身是血的遺體，瞬間雙腳癱軟，跌坐在地上，我不敢相信自己的眼睛，更不敢相信眼前的遺體就是自己的兒子，自己唯一的兒子⋯

此刻的聖翔也不知道怎麼一回事吧？我的寶貝翔，你是不是也跟爸爸媽媽還有妹妹此刻的心情一樣害怕？我的寶貝，爸爸好害怕啊⋯⋯

碰一聲，你就回不了家了。

碰一聲，我們就此別離了。

聖翔在回程行經連接新莊與板橋的新海橋時，就在離家不到三百公尺的新海橋上，與另一名機車騎士，被一輛計程車逆向迎面撞上，當場就沒了生命跡象，送醫急救後，因傷勢過重，仍然急救無效而死亡。

失去聖翔，我頓時沒有了靈魂、沒有了思考、沒有了方向、沒⋯⋯什麼都沒有了。

我變得彷彿只剩行屍走肉似的一副空空洞洞的軀殼，回過神看到筑筑、老母、老婆、家人，我該怎麼辦？怎麼會是你，我該怎麼辦？我還能怎麼辦，誰來告訴我？求求誰可以來給我一個讓我可以不再迷惘的答案……

不！我必須堅強，必須強迫自己堅強，縱使我是崩潰著、無助著、感覺力不從心，但我是他們的靠山，我必須要堅強！

可我能選擇不要堅強嗎？倘若我不掩飾自己的脆弱，就能有那一絲奇蹟換回你嗎？我的寶貝啊……

最後，翔翔再沒有回家過一次了。他的聲音，每日每夜地迴盪在我、老婆與筑筑的腦海，而他熟悉的身影，只能活在我們的心裡與回憶。

聖翔的生命，從此停在二〇一五年四月十九日晚上八點四十四分。

3

在腰際紋上兒子頭像刺青，象徵要用餘生保護兒子……

每個刺青圖案
都有著一個故事或含意，
聖翔的素描刺青，
卻是我最椎心的故事！

事發隔天，警檢、法醫帶著肇事的駕駛——傅寶勝前來相驗遺體。警察沒有讓肇事者下車，說是怕他被我們毆打。

我在助理與家人的攙扶下，走到了警方載著傅寶勝的車旁，我心裡淌著血，聲淚俱下地隔著車窗玻璃問傅寶勝，「你到底怎麼開車的？為什麼會逆向撞死我兒子？」傅寶勝不發一語、表情冷淡，絲毫感受不到一點悔意、歉意，甚至感受不到常理認知，如果一般人發生車禍一次撞死兩個人之後的震驚、驚恐！

結果，從事情發生開始，傅寶勝始終沒有對我們說過一句抱歉，也沒有向聖翔上過一炷香，更遑論提給我們任何實質賠償，一直到現在……

事發第三天，一直未曾闔眼休息的我，請朋友在我腰際紋上聖翔的素描像。這三天，我一直在回想自己與兒子互動的回憶，回想過去，長期下來自己沒能好好陪伴聖翔成長，讓我感到非常懊惱、後悔、自責。

現在，在腰際紋了聖翔的照片，我好想跟聖翔就這麼依偎一輩子，我好想永遠就這麼好好地守護著兒子……滿身刺青的我，身上每個刺青圖案都有著一個故事或含意，然而，聖翔的素描刺青，卻只能成為我最椎心的故事！

隨後，開始陸續有人提供車禍相關的行車紀錄器影片與相關目擊的訊息，也從警察那邊取得相關影片。

我跟許多好友一起研究車禍的成因，除了人為因素以外，針對車禍現場的部分，發現主要原因，除了肇事駕駛的責任以外，有很大的環境因素，竟然是新海橋本身設施的設計不良！

新海橋，橋面道路雙向面寬僅九米，是連接新北市板橋新海、社后地區與新莊區文德里的主要橋樑。

尤其在交通尖峰時刻，貨車、大客車、汽機車、腳踏車爭行單一車道，險象環生，但在雙向車道之間，竟然沒有分隔島，在交通壅塞時，機車逆向鑽車的情況屢見不鮮，發生在新海橋上的車禍，有絕大多數也都是這類情況所導致。

而聖翔所發生的車禍，正是因為橋上沒有安全島，所以肇事車輛才會直接衝過對向車道而導致慘劇發生。

事發不到一個星期，我便號召親友與殯葬業諸多好友一起走上新海橋，呼籲政府相關部門重視新海橋橋面、分隔島設計不良的部分盡速改善，以避免事故頻傳、造成用路人的行車安全受到危害，可惜因為籌備期太短，參加人數並不算多，所以這個訴求似乎沒有被相關部門所重視。

而在這個和平理性的遊行活動中，我的老爸老母，以及家族的親友也都參加了，

甚至老爸因為想起自己心愛的孫子，悲傷過度，在現場昏厥了過去而緊急送醫。

自從聖翔過世後，我不敢回家裡，生怕看到有關聖翔的一切東西，會讓自己無法克制自己的情緒，我一直住在公司的辦公室裡，累了就睡在沙發上，但是一直無法入睡，當我覺得體力已經快無法負荷了，就只能靠著吃安眠藥來讓自己勉強睡個幾小時。

每天，我陷入思念的無限輪迴，想著聖翔、拼湊著這幾年打拚事業，沒能陪著孩子成長的片段記憶；我悔恨，因為自己長期吸安，在吸安的這幾年，記憶，是模糊的，然而現在拚了命想找回這些模糊、片段的記憶，竟然是如此力不從心，讓我覺得好無助……

我甚至懷疑，自己跟隨老爸進入殯葬業以來，一直秉持著老爸的囑咐，免費為貧民治喪，一直行善積德，但為什麼這種殘忍的事情會發生在我身上？一個正要開始對家庭、對社會有所貢獻的好孩子，怎麼就這樣走了？

就在這個時候，經過朋友輾轉介紹，我認識了顏正國，也許是因為我們兩人的過往經歷有些共通之處，就連觀念、溝通、思想，都十分契合。很快的，我們結為莫逆之交，甚至結為結拜兄弟。

籌備喪禮期間，顏正國也一直陪伴著我，並給予許多寶貴意見。

4

鋼鐵爸／我的另一個名字……

你要像鋼鐵人一樣堅強，
別讓聖翔為你擔心！
你就是他的鋼鐵老爸！

車禍事發以來，肇事者一直堅稱自己是因為氣喘而昏迷才會逆向肇事。詢問過醫生、氣喘病友，大家都一致認為可能性極低。怎麼可能氣喘發作還可以在現場來回走動，甚至於打電話給車行而不是打一一九？而第一時間車行來到車禍現場，是夥同傅寶勝（肇事者）拆除車行招牌和對講機。試問氣喘發作還有能力這樣行為嗎？

每次想到這裡，我心中就無法壓抑自己的憤怒與怨恨！

曾經有兩次，我帶著刀械，一個人開著車去到肇事兇手的兒子上班的地方，想要手刃兇手的兒子，讓他也嘗嘗失去兒子的感受。到達對方兒子上班的地方，我坐在車上，點燃香菸，想著聖翔在急診室急救的畫面，想著記憶中與他相處的片段回憶。

我把刀子藏在衣服裡，下車走向馬路對面（對方兒子上班的地方），當時的我，腦中只有聖翔全身是血的畫面，彷彿腎上腺素爆發。當下，我只想著，「報仇！報仇！傅寶勝，我要你也體會我的心有多痛！」

正當一步一步逼近肇事者的兒子之際，我心中閃過一個影像。

我想起了兒子那帶著笑意，單純憨厚的臉龐，於是，我轉身走回車上，眼淚再也止不住，放肆的流著……

我在心中說，「兒子，對不起，老爸做不到，因為我是人，我不是畜生……」經過兩次這樣的「懸崖勒馬」，所幸沒有因為怨恨與衝動而鑄下大錯。

我把聖翔的靈堂設在自家的會館中。每天，都有許多好友前來探望我與聖翔。可是，至今始終不見肇事者來上過一炷香、說聲抱歉，這也讓我們阮家上上下下無法理解與諒解，我更是始終無法釋懷！

有天，一個朋友來關心我的情況，我們在辦公室聊天時，他見到辦公室裡的大型鋼鐵人模型。

鋼鐵人，一直是我和聖翔非常喜歡的人物，鋼鐵人公仔、周邊商品，也是我們父子倆長期以來的收藏。

朋友鼓勵我要堅強，指著鋼鐵人說，「你們父子都那麼喜歡鋼鐵人，你一定要像鋼鐵人一樣堅強，別讓聖翔為你擔心！聖翔像是鋼鐵人，你就是他的鋼鐵老爸！」

於是，鋼鐵爸這個稱號就這麼開始傳開。

至今，「鋼鐵爸」這名字，彷彿就成了我的另一個名字。

5

為幫愛子完成遺願，淚辦「車業開幕告別典禮」……

我把追思會打造成車行開幕典禮，會場中，展示了許多超跑、罕見的大型重機。

之後的幾天，我一直想著要怎麼籌辦聖翔的喪禮。突然，我想起聖翔剛滿十八歲考取駕照時，很臭屁的向我炫耀說自己一次就考過，還告訴我，既然兩父子都那麼喜歡車子，那不如規劃以後開間車行？

於是，我與「送行者車隊」的好友們開始每個禮拜固定開會，開始激盪腦力，規劃一場別開生面、前所未見的告別追思會，並將這場追思會取名為：「聖翔車業開幕告別儀式」藉此告慰聖翔，彌補這個來不及一起完成的理想。

二〇一五年六月十九日，我把這場前所未見的追思會，打造成一個車行的開幕典禮，會場中，展示了許多超跑、罕見的大型重機。

同時，還製作了紀念T恤，在追思會義賣，並將義賣所得捐贈給「中華民國兒童權益促進協會」等公益團體。

然而，當這場追思會結束後，我開始閒了下來，突然覺得自己的一切變得好空洞、好空洞。做任何事情都提不起勁，更無法專注於任何事物，整天陷入負面情緒，甚至常常幻想，自己乾脆輕生，陪著聖翔一起走吧！

因為聖翔是我們阮家獨子，他走了，等於我對未來已經沒有希望可言，事業再成功又如何？再也沒有人可以接班。家庭少了這麼一個成員，家，也不再完整。

幸福，能像從前一樣幸福嗎？

在面對老婆、筑筑時，三人常常都是很有默契地不發一語，彼此間用眼神安慰對方。

誰都不敢用言語去多說什麼，因為對我們來說，每多一句安慰，都是在傷口撒上一把鹽。

能做的，只剩下彼此陪伴。

對我來說，這種椎心之痛只是不斷的與日俱增，絲毫不曾因為時光的流逝而稍稍減輕，在我心裡的無助，根本沒有人能體會，我只能不斷的壓抑自己，把痛壓縮再壓縮，囤積在心裡。

腦海裡不時萌生輕生的念頭……

6

輕生／在北宜公路上自摔／斷了十一根肋骨……

我斷了十一根肋骨，
但身上翔翔的素描像刺青，
竟然絲毫沒有損傷。

聖翔走後，我又再度找藉口重拾吸安非他命的行為，而每次吸完又後悔，而在聖翔離開後的第三個月，也就是七月二十日早上，我吸完最後一克的安非他命後，獨自一人騎著車到北宜公路。安全帽鏡片下，我任由淚水決堤，把長久以來壓抑的情緒用大聲狂吼宣洩出來。

突然間，腦中閃過一個念頭，我喃喃自語，「翔翔，我來找你了！你等爸爸哦！」是的，我再次萌起自殺的念頭……

就在行經某個彎道時，我發了瘋似的，以時速八十公里的速度壓車過彎，將車身越壓越低，於是，過大的傾角使車子的中柱摩擦到路面。

對一般人來說，遇到這情況應該是趕緊把車平衡回來，但是心裡想要自殺的我，卻是違反常理的把車壓得更低。終於，車子失控打滑了出去……

遭到打滑的重機撞到護欄反彈重力撞擊的我身上，全身癱軟在地上無法動彈，甚至無法呼吸。

當時的我，腦中閃過一幕一幕的畫面，彷彿電影倒帶一般，從自己的

童年、少年、成年的記憶片段，一直到娶妻生子，還有與聖翔幼時的相處畫面都瀏覽了一回，最後，我看到了聖翔笑咪咪地看著我。

那一刻，我後悔了，我知道聖翔在守護著我，聖翔一定不希望我就這樣結束自己的生命。

但是，當時無法呼吸的我，很努力鼓起力量，用力地想呼吸，但卻怎麼也呼吸不了，這短短的幾秒鐘，就像慢動作影片般，感覺像是很久很久一樣！

最後，我無助地告訴自己，「不行！我一定要呼吸！」我知道如果再吸不到氣，也許就會這麼走了，如果就這麼走了，我的父母、老婆、筑筑，該怎麼辦？

於是，我鼓起最後一絲力氣，用力的一吸，終於，我恢復了呼吸，只是覺得自己胸口好痛好痛。

就在這個時候，有三位年輕的車友碰巧路過，他們熱心的停下車，幫我擋住後方來車避免追撞，也趕緊到我身邊照顧我、幫助我，並報警送醫。

即便是上了救護車，愛車如命的我，竟然仍然心繫自己停在北宜公路路邊的車，還好在我搭救護車前往醫院途中，朋友已經趕往事故現場幫忙將車子載往車行。

到了醫院，照過X光，就直接被送到了加護病房，醫生告訴我，說我斷了十一根肋骨，但我檢視一下自己身體，除了手腳一點點擦傷以外，在地上翻滾這麼多圈，身上翔翔的素描像刺青竟然絲毫沒有損傷，我告訴自己，這一定是翔翔在守護著自己！一定是！

7

將喪子之痛化為大愛，助人的喜悅療癒了我……

北宜公路34K是個事故率非常高的路段，我決定就在這裡駐點，如果有遇到車禍，我可以就近給予協助。

這場重大的車禍，讓我足足休養了一個月無法下床。一直到八月二十三日才終於出院，住院休養的那個月裡，我想了很多。

一向不太與陌生人互動的我，在這場車禍中，卻受到了這麼多陌生人溫暖的幫助。

我思考著，自己是否也能這樣幫助別人？

甚至，思考著，自己可以做些什麼，才能延續翔翔對生命的熱情，才能讓翔翔的名字永遠不會被忘記？

有天，我突發奇想，向開救護車公司的弟弟借了一輛救護車，就這麼一個人開著救護車上了北宜公路三十四K附近，也就是我摔車的地點附近。

這是個事故率非常高的路段，我決定就在這裡駐點，如果遇到有人車禍，我可以就近給予協助。

就這樣，我一個人默默的做了一段時間。在這段時間裡，我發現到，其實在事故中「人」的部分，報了警，救護車到場時間還是很快的，而

且如果受傷，還是要經由公家單位的救護系統送醫，才能避免後續的爭議。

而「車」的部分，才是我真正能幫得上忙的。

幾經考慮下，我決定自己出資購買一輛T4廂型車，並將內部加以改裝，方便載運機車，就這麼開啟了救援之路。

那段時間的我，每天忙得不亦樂乎，因為在喪子之痛之餘，我終於找到了精神寄託。我體會到，能適時幫助需要幫助的人，這種快樂讓我覺得很充實！

很多朋友都看到我的轉變，好友林淙偉、顏正國知道我正在做這些救援的事，於是建議我成立一個協會，整合資源，號召更多人一起投入，一起做這些有意義的事。

就這樣，「新北市聖翔救援協會」萌芽了！

透過友人協助，很順利地向政府單位提出了登記為人民團體的申請，申請審核期間，救援工作仍持續不斷進行。

救援工作越趨成熟，我才開始意識到，這看似簡單的救援工作其實還真不簡單！

而且，公益團體成立和營運，簡單的說，就是個「燒錢」的舉動，而且燒錢的速度真是讓我始料未及！

民間公益團體，本身是非營利事業機構，它除了會員繳交會費、善心人士捐款以外，根本就沒有收入來源足以平衡支出。

雖然我心中早已有數，只是沒想到這協會錢燒得這麼快，至今個人大約花了一千兩百萬！

在籌組協會前，我曾告訴老婆，但我已打定主意，這條路既然已經走了，就要堅持走到底，因為這不是為自己而做，而是為了讓聖翔的名字、熱情、善良、生命永遠延續下去！

8
選擇把對兒子的愛，化為更多人能享用的溫暖……

我毫不避諱自己迷失的過去，
用切身經驗呼籲大家
遠離毒品、鼓勵大家正面思考。

二〇一六年一月十日，「新北市聖翔救援協會」正式成立，我獲理監事會推選為創會理事長，而秘書長則由一路走來都默默陪在我身邊的人生心靈導師林淙偉（註）擔任；至於最辛苦的第一線救援工作，就由我的兩位私人特助擔任。

隔月，在朋友的引薦下，有個名叫「台〇生命」的殯葬集團，允諾將一間雙層的辦公室無償提供給協會使用，聖翔救援協會自此總算有了一個屬於自己的據點。

聖翔走後，我一直試圖以愛化解怨恨。

某天，我在臉書上貼聖翔送我的五呎高「鋼鐵人」模型照片，幻想自己是鋼鐵人，用鋼鐵般的意志走過這段曲折的心路歷程，網友因此稱我「鋼鐵爸」。

漸漸的，我為聖翔所做的一切努力被越來越多人看見，這之間，當然也包括許多酸民，他們說，「阮橋本只是愛出風頭，只是想出名。」

可是，如果稍微將心比心，誰會用親生兒子的生命換來自己出名、出

風頭？

然而，吸引更多的是「鋼鐵爸」的粉絲，其中，有很大比例是年齡與聖翔相仿的年輕族群，他們總尊稱我一聲「阿爸」，就這樣，我多了數以百計的兒子、女兒。雖然再多聲「阿爸」，也換不回親耳再聽到聖翔叫一聲爸爸……

我總是用自己切身經驗，苦口婆心勸這些兒子女兒們不要飆車、不要碰毒品，甚至為了要讓這些小朋友們有向心力，我集結了他們，成立了直屬於聖翔救援協會的「赤焰軍」志工車隊，而這些赤焰軍們，也都自發性排班在北宜公路、台七線駐點服務。

二〇一六年三月，是聖翔車禍即將屆滿一周年的日子，將近十二個月的時間，都不見政府相關單位部門針對新海橋的不安全設施規畫做出任何改善。於是我以「鋼鐵爸」在臉書醞釀、號召，打算在四月十九日舉辦一場呼籲政府單位重視新海橋橋安問題的遊行。

此舉果然引起相關部門重視，結果三月底開始，每晚十二點到清晨六點封橋施工，僅僅花了不到半個月，就在新海橋上蓋好了阻隔雙向車道的分隔島。從此，再也不會有機車逆向鑽車縫的事故發生，也不會再發生像聖翔被逆向車輛撞死的慘劇！

一方面我感嘆，很多事情只在於做或不做，三十三年解決不了的問題，只要有心，半個月就解決了；另一方面我覺得遺憾與欣慰，遺憾的是，如果早有人出面呼籲爭取分隔島的增設，那麼聖翔就不會遭此橫禍了！

欣慰的是，我相信冥冥之中，是聖翔的守護，我才能堅持了快一年來抗爭、爭取，而如今也終於成功，新海橋上再也不會有類似的車禍發生，用路人更安全了，不會再有家庭因此破碎了！

此時，也開始有大專院校社團、社會團體關注到「鋼鐵爸」的故事，並邀請我演講，我也欣然答應。每場演講，我都隨性地以聊天方式跟參加的聽眾互動，更重要的，我毫不避諱自己迷失的過去，用切身經驗呼籲大家遠離毒品、鼓勵大家正面思考，也獲得聽眾極高評價。

二〇一六年四月十九日，即便訴求的新海橋增設分隔島已獲得改善，但我仍決定遊行照常舉行，且定調為和平理性的遊行，主要是紀念聖翔車禍事件滿一年，並呼籲政府單位，營業用車駕駛審核機制加強、營業用車強制加裝行車紀錄器等訴求。

結果，原本預計大約五百人的遊行，當天竟有超過一千五百人參加！

註：林淙偉先生因生病，於二〇一七年逝世於亞東醫院。

9

北宜公路／台七線駐點／只求人人平安回家……

不管別人怎麼說，
至少我能為這社會提供一點溫暖，
因為施比受更有福，
有愛就有溫暖。

同年五月，原本允諾無償提供辦公室給協會使用的「台〇生命」，向我提出公司合作案。我們展開商業談判後因為沒有共識而合作告吹，沒想到接下來對方竟反悔，房屋不再繼續提供給協會使用，並告知希望我們於五月底搬走。

幾經考慮下，我決定將公司原本使用的車庫廠房加以裝潢一下，然後把協會遷移至此處。同時發揮創意，推出了一系列的公益活動。

以往，一般常見針對弱勢族群的公益活動，大都是贈送食品等生活物資，但我想到的是，對於弱勢家庭來說，機車，是最主要的交通工具，相信機車的保養、維修、部品換新，對於弱勢家庭來說，是一筆重大的支出。

於是我開始利用自己的人脈，找朋友捐贈相關零件、材料，並號召熟悉機車維修保養的志工，每月舉辦一次「免費機車健診」，針對低收入戶、撫養未成年子女的單親媽媽等弱勢族群提供服務，不僅免費更換機油、煞車皮、輪胎，還可以每月領取兩次生活物資。

此舉一出，果然深受受助家庭的好評，也從最基本、最實際的層面確實給予了幫助。

我希望只要我有能力幫助需要受助的人，就盡我能力去做。不管別人怎麼說，至少我能為這社會提供一點溫暖，因為施比受更有福，有愛就有溫暖。

以前，我未曾想過自己有天會投身於公益事業。我常在聊天中說到，一定是翔翔的牽引與守護，才能讓自己轉念，讓自己用切身的經驗來提醒、幫助更多人。

每次在媒體的訪談中、甚至在與年輕車友聊天時，我總是不避諱地用自身曾經染毒的經驗來提醒大家，吸安，那一剎那的快樂與迷幻，也許讓你忘掉了當下的壓力與痛苦。但毒品帶給你的傷害，是你無法想像的！

「因為毒品，你會失去更多你更值得、更應該擁有的人、事、物！」

我總是這樣不厭其煩，一次又一次告訴每個人！

至今，我依舊沉浸在忙碌的喜悅中，也許這條公益之路走得很辛苦，但我知道自己並不孤單，更清楚自己所做的一切，為我的生命帶來更多的精彩！

聖翔救援協會的救援車與赤焰軍志工隊，將持續在北宜公路、台七線，甚至未來會去到更多地方服務。如果，你也認同聖翔救援協會，歡迎來加入我們志工行列。

如果，你暫時無法加入我們，那麼請你遇見他們時，給他們一個讚，告訴他們一句：辛苦了！加油！

這對聖翔救援協會全體，就是最滿足的鼓勵了！

10

弱勢之苦感同身受／環島送愛送物資

接觸這些家庭後，
發現很多獨居老人、
身體健康不好的人，
以及沒有廚房開伙的家庭。

因為思念愛兒，燃起輕生念頭，自殺式的騎重機故意過彎肇禍，斷了十一根肋骨。受傷那一刻，我感受到熱心車友的協助，更感同身受愛兒車禍當場的痛，所以立誓幫助所有騎士事故救援行動，因而用愛兒名字（聖翔），成立「新北市聖翔救援協會」。

協會一開始是協助新北市騎士事故的機車，二十四小時後送救援且完全免費，至今救援了約五百台事故機車。後來我意識到社會上有很多清貧家庭吃不飽、穿不暖，就連平常代步機車都沒有保養，輪胎紋都磨光了，也依舊冒著生命危險騎車。

有感於翔翔哥哥是個非常有愛心的孩子，一定不會願意看到這種悲劇事情發生，於是在二〇一六年五月，協會開始提供中低收入、清貧、弱勢、單親、失依家庭、身障等免費機車健診（免費更換胎皮、機油、煞車皮），以及民生用品食品物資領取。

機車健診物資發放開辦至今五十四個月，到二〇二〇年六月一共開辦了五十九次；今年二月開始，從原先的一個月一次的機車健診發放物資

活動，增加到一個月兩次，並讓清苦家庭能夠多領取一份民生物資。到目前為止，已免費健診近四千台機車。

我接觸這些家庭後，發現很多獨居老人、身體不好的人，以及沒有廚房無法開伙的家庭。於是二〇一七年夏天，一位在星級大飯店裡工作、同樣為人父且失去摯愛的林庭伸加入協會，擔起每個月健診煮食的志工，甚至連聖誕節都包辦聖誕大餐。

二〇一七年四月起至今，我帶著聖翔的信念延續到偏鄉，開始了每年一次的環島偏鄉送物資（後來變成一年好幾次、不定時），希望藉由全臺善心人士的愛心物資，改善偏鄉、部落資源不均和隔代教養等問題。

在這裡，我要特別感謝協會志工：顏正國、朱九、得哥、砲哥、尚蘇、小海、小孔，長期義不容辭的跟著協會跑遍全臺部落和偏鄉小學，包括：花蓮西寶國小、崇德國小、福音部落；台東隆昌書屋、都蘭書屋、泰源書屋、延平部落、龍過脈部落、紅葉國小、東興村、南迴金樽；屏東縣旭海小學堂、佳義部落、涼山部落、山地門、瑪家鄉；高雄梅山部落、那瑪夏民權國小、那瑪夏民生教會；南投仁愛鄉力行國小、紅葉國小、馬烈霸部落、廬山部落、春陽國小、原家服務中心；南投信義鄉、台中縣松鶴部落、苗栗縣象山部落、梅園部落、麥路豐教會；新竹五峰鄉、尖石鄉、秀巒國小、抬耀部落；桃園奎輝部落、比亞外教會、上下巴陵、嘎拉賀部落、羅浮、下蘇樂部落；高義國小、霞雲部落、三民、光華國小、三光里；新北市烏來福山部落、忠治部落、義盛村……等。

11

機車健診／義剪／愛心冰箱／把愛傳出去

公益是條漫長、久遠之路，
不是作秀用的舞台，
是為了讓需要幫助的人，
真正得到幫助而存在的！

二〇一七年七月我在花蓮縣鳳林鄉，遇見了一個大男孩——徐恩溢，因為他，我開始跑全台重症個案、送尿布和營養品到偏鄉。

恩溢原本是學校的龍舟選手、運動健將，十八歲時因為一場車禍變成植物人，這三年多來，我探望恩溢十幾次，從他昏迷指數三，到開始會認人、用唇語回答簡單的字眼、右手能比出動作，到二〇二〇年，恩溢已經會站立、能靠扶助杖行走。

看到恩溢的進步，我的內心無比的激動，他讓我見證了愛與奇蹟。對我與隨行的聖翔志工們而言，恩溢與徐家人就像我的老朋友。他總是答應我：「下次我們再見面時，會比現在更進步哦！」恩溢也從來沒騙我，真的越來越帥、越來越好。

探視恩溢，給了我很大的震撼，因為復健的路很辛苦，平常的開銷、陪伴，還有復健過程，都非常的心力交瘁。從此我非常重視清苦重症人士家庭，開始奔波探視、送尿布、營養品、濕紙巾，以及送二手或全新生活物品，還有醫療床、電器、傢俱等，以減輕他們的負擔。

長久以來，跑遍好多偏遠山區，體驗到很多地方的路況很差，再加上偏遠山區要保養維修機車著實不容易，山上的路常因為豪大雨而坍塌，在騎乘上，比平地更多了份危險度。

考量到很多偏鄉的人，靠務農或是打臨工維生，於是二〇一七年五月，我開啟了「聖翔號機車健診偏鄉行動急診室」的計劃，第一站到了復興區的奎輝部落健診。

一開始因為人力、資源有限，都是在北部的復興區服務偏鄉機車健診，我們一同走過：霞雲、三光、巴陵、義盛、三民等偏鄉健診，看到了這件事在在偏鄉是被需要的，更奠定必須長遠執行的堅持。

二〇一八年六月，認識了「川鋐車城團隊」，一群人跟著聖翔前往偏鄉機車健診，那是我們第一次一起到了烏來最深處的福山部落。「川鋐車城團隊」中，有個員工擅長剪髮，於是在那次的偏鄉機車健診裡，新增「義剪」項目，幫偏鄉的清苦家庭的朋友修剪頭髮。

「川鋐車城團隊」加入第一次的公益行後，往後的每一場機車健診以及偏鄉機車健診，都無私奉獻參與，犧牲自己的假日為這社會的弱勢付出。除了協會固定的每個月機車健診以外，「川鉉車城團隊」又與聖翔協會一同到偏鄉健診以及義剪，走過開辦健診義剪的地方有：南投仁愛力行部落、台東延平部落、苗栗象鼻部落、屏東涼山部落等等，每一場都付出了他們無止境的汗水。

二〇一八年二月，聖翔救援協會誕生第一台二十四小時「愛心冰箱」，愛心冰箱裡有著愛心人士們捐贈的食品，只要有需要的人，隨時都可以到愛心冰箱來取用，愛心冰箱可以讓人們互助互愛、不浪費。

同年八月，我們開始準備「愛心便當」，一開始固定每週五發放，後來開始很多善心人士溫暖熱情參與，於是改成只要有人捐贈就會發送，有時一星期送三、四次，至今已發送了近五千個便當。

在此，特別感謝志工小富、誠伯，每星期都到協會幫忙發放便當，還有協會秘書方婷，聯絡安排每一場公益活動、處理協會行政庶務、記錄協會所有大小事。

聖翔救援協會成立三年後，於二〇一九年成立第一個分會——新莊分會；二〇二〇年成立第二個分會——三峽分會。目前共有一個總會、二個分會，持續運作中，讓愛心傳遞到更遠的地方、幫助更多需要幫助的人。

鋼鐵爸與聖翔沒有華麗的語言，也沒有盛大的排場，因為愛心公益是條漫長、久遠之路，它不是讓人拿來作秀用的舞台，更不是為了自身的光環，以及曝光率而存在的。它，是為了讓需要幫助的人，真正得到幫助而存在的！

12

人生吸安二十五年／唯一前科是為了救人

為了幫助一對無助的老父母，
希望一巴掌打醒逆子，
疏不知換來的是一個前科。

在此我想藉由自己的摑巴掌經歷，溫馨提醒所有正義之士。

在行使正義之前，請先冷靜的思考一下，自己接下來的言語、行為是否會與司法衝突。希望所有人在行使正義之時，也別讓自己觸法。

二〇一八年三月，我的一位長期吸安的前員工，因為工作問題和他父親起爭執，情緒激動下，他不僅掐住父親的脖子，隨後還開車在巷弄內橫衝直撞，企圖衝撞自己的父親，不僅差點波及無辜，還冷血回嗆「撞死你，我就有兩百萬」，甚至警方到場也不收斂的大喊「撞死一個少一個」！

由於他曾經是我的員工，他的父母知道我曾經吸過毒，所以在兒子失控的當下向我求救，希望我能幫忙勸勸他們的兒子。

受人之託，我前往派出所關心。

沒想到他一看到我，不但氣燄囂張、不認錯，甚至用三字經辱罵我。當時我想一巴掌呼醒那個逆子，掌摑瞬間，全都被派出所內的監視器錄下。事後他驗傷提告傷害。

我人生吸安二十五年，沒有前科，就為了一個他。因為他，而有了人生第一個前科：刑事案件傷害。

我的出發點是為了幫助一對無助的父母，希望這一巴掌能夠打醒他，救回這個孩子，疏不知換來的是一個前科。

打人畢竟是錯誤示範，正義跟觸法一線之隔，終究得有所拿捏。但是，事情若再重來一遍，我會不會打他？我會，我不後悔、不遺憾。

後記

我會堅強，繼續完成聖翔的人生

聖翔過世後，我以聖翔之名成立聖翔救援協會，幫助清苦、單親、弱勢和失依家庭，還有經常性地送物資到偏鄉，關懷真正需要幫助的人。之後的這幾年，又依序成立新莊分會、三峽分會，目的就是希望以「聖翔」之名，把愛心傳遞出去。

近幾年，在麻吉顏正國的帶領下，我跨足電影圈，前後參與《角頭2：王者再起》，以及阿國執導的公益微電影《如果系列2：人生還有如果》、《如果系列3：卸妝》、《江湖無難事》等電影拍攝。

我一直認為，「鋼鐵爸」這三個字，不是我，是聖翔賦予我的，所以我要更珍惜羽毛，珍惜身上任何一根羽毛。

出版，是我的願望之一。如今，有機會把自己的人生故事撰文成書，出版這本《倒著走的人生》，總覺得是聖翔冥冥之中的安排，他讓我藉由自己的故事，傳達感動、散發正能量，提醒大家珍惜身邊的人。

因為我有二十五年的吸安史，是活生生血淋淋的例子，而且我懂吸安人的想法，所以非常樂意有天能成為矯正署的義工、顧問，甚至可以擔任反毒大使，用我個人的經歷到勒戒所、學校、各種場合去分享。

現在，我還有一個願望尚未實現，就是成立「安非他命私人勒戒所」。我希望藉由這個勒戒所，幫助那些迷失在毒品中的人，讓他們重回家庭、社會。雖然礙於相關法令，暫時無法成立，但相信有朝一日，我可以完成這個願望。

雖然到現在一想到聖翔的離去，還是覺得心好痛、好痛，眼眶常常濕了又乾、乾了又濕，但我不斷地告訴自己，聖翔期望的爸爸不是這樣的。

我想對聖翔說：「老爸會堅強，繼續完成你的人生。」

最後，我在這裡鄭重地對在我吸安期間，所有曾經被我傷害過的人說聲對不起，無論是言語、肢體還是金錢往來的傷害，對不起。吸安時的我不是我，請您們給我贖罪的機會，我不會讓您們失望！

特別收錄1

鋼鐵媽給鋼鐵爸的一封信

老公：（此時此刻寫上這稱呼，似乎有些肉麻。）

因為我不善甜言蜜語，所以都直呼你全名。

是啊！我要承認錯誤，過去自己太強勢、好強、不夠溫柔，導致沒有給你家的溫暖，而使你誤入歧途甚至於拋家棄子。

上天真是會玩弄，在你浪子回頭後竟然把寶貝兒子給帶走，我知道你有多懊悔、有多傷心、有多自責。

我也知道從翔去當天使後，你的改變有多大，我都看在眼裡，也知道你硬把二十四小時都填滿，所以你要做很多很多事，讓自己沒有空閒時間來思考。

阮橋本，我要告訴你，我會一輩子像以前一樣不停歇的支持你、陪伴你、愛你。未來，我們必須手牽手一起帶著筑筑，把翔翔沒有走過的日子開心幸福的過好、過滿。

Love you forever.

特別收錄2

筑筑給鋼鐵爸的一封信

爸爸：

嗨！老爸！一時之間還真不知道要說些什麼好，說些祝福的話又顯得太過老套，不如就藉由這個機會說些內心的話吧！

今年我要二十三歲了，從小對你的印象就是個不常在家的爸爸，也是個非常讓我畏懼的爸爸，只要一個眼神，我就會怕、就不會哭鬧。但除了這些以外，你並沒有干涉我們太多事情，甚至是成績考了個不及格，你也告訴我們還有進步的空間，一直以來你都是這樣教哥哥和我的。

只是好像到了高中的時候，你有好長的一段時間沒有回家，那時候的我什麼都不知道，或許是因為媽媽和哥哥想要保護我，才讓我當個無知的孩子吧哈哈！一直到了這幾年才知道你不在家的日子是去吸安了，著實讓我傻眼！但這些也都過去了。

其實五年前，哥哥走的時候，我似乎只專心在自己的傷口上，那時突然其來的噩耗，至今讓我都沒有辦法正視這個傷口。隨著時間過去，這幾年好像突然間有了一些想法和心情。

你和媽媽的世界有一部分一定崩塌了吧？那一部分是永遠都不會再好的地方。

我也是，我那個崩塌的地方會一直跟隨著我到老。

我失去了哥哥，一個從我出生就不曾離開過我的人。而你們失去了一個兒子，從小北鼻慢慢教導、慢慢揑拔到大的孩子，突然就這樣去了一個未知的地方了。

光是想到這裡，我就無比的難受，更何況是身為父母的你們，這些想法和心情是我慢慢長大才領悟出來的、但我好討厭懂這些事情，越長大看到的事情越多，想的事情也越多，就也越難過。

但是我不能倒下對吧？因為你們只剩我一個小孩了。

放心吧，我會好好挺住的！好好的把哥哥的份努力活下去的，也會連同哥哥的份一起孝順你和媽媽的。

老爸，雖然這句話講了好多次了，但我真的還是很想大聲講：有你當我的爸爸，我真的好幸福、好快樂！

這幾年辛苦了！無數個夜裡很難過，我知道，但當太陽升起就又會是新的一天。

你還有很多愛你的人，我們會一起陪伴著彼此，往後的日子，我想可能還會有更多無數個難過的夜晚，想哭就哭吧！

你雖然是鋼鐵爸，但我們的心是肉做的，所以你也要允許自己有悲傷的時候。

未來的日子，還要再麻煩你了，因為我會一直當個黏人的爸寶媽寶！

愛你！

國家圖書館出版品預行編目資料

倒著走的人生：鋼鐵爸靠北人生，活出正能量／鋼鐵爸（阮橋本）著 -- 初版 . -- 臺北市 : 幸福綠光 , 2020.07
面；　公分

ISBN 978-957-9528-82-5 (平裝)

1. 修身 2. 自我實現

192.1　　109006691

倒著走的人生

鋼鐵爸靠北人生，活出正能量

作　　者：鋼鐵爸（阮橋本）
書名題字：顏正國
文字整理：林心緹、林淙偉、何喬
封面攝影：水草攝影
插　　畫：阿　贊
美術設計：盧穎作、洪祥閔
責任編輯：何　喬
編輯顧問：洪美華
出　　版：幸福綠光股份有限公司
地　　址：台北市杭州南路一段 63 號 9 樓
電　　話：(02)23925338
傳　　真：(02)23925380
網　　址：www.thirdnature.com.tw
E-mail：reader@thirdnature.com.tw
印　　製：中原造像股份有限公司
初　　版：2020 年 7 月
郵撥帳號：50130123 幸福綠光股份有限公司
定　　價：新台幣 280 元（平裝）

ISBN 978-957-9528-82-5
總經銷：聯合發行股份有限公司
新北市新店區寶橋路 235 巷 6 弄 6 號 2 樓
電話：(02)29178022 傳真：(02)29156275
國家圖書館出版品預行編目資料

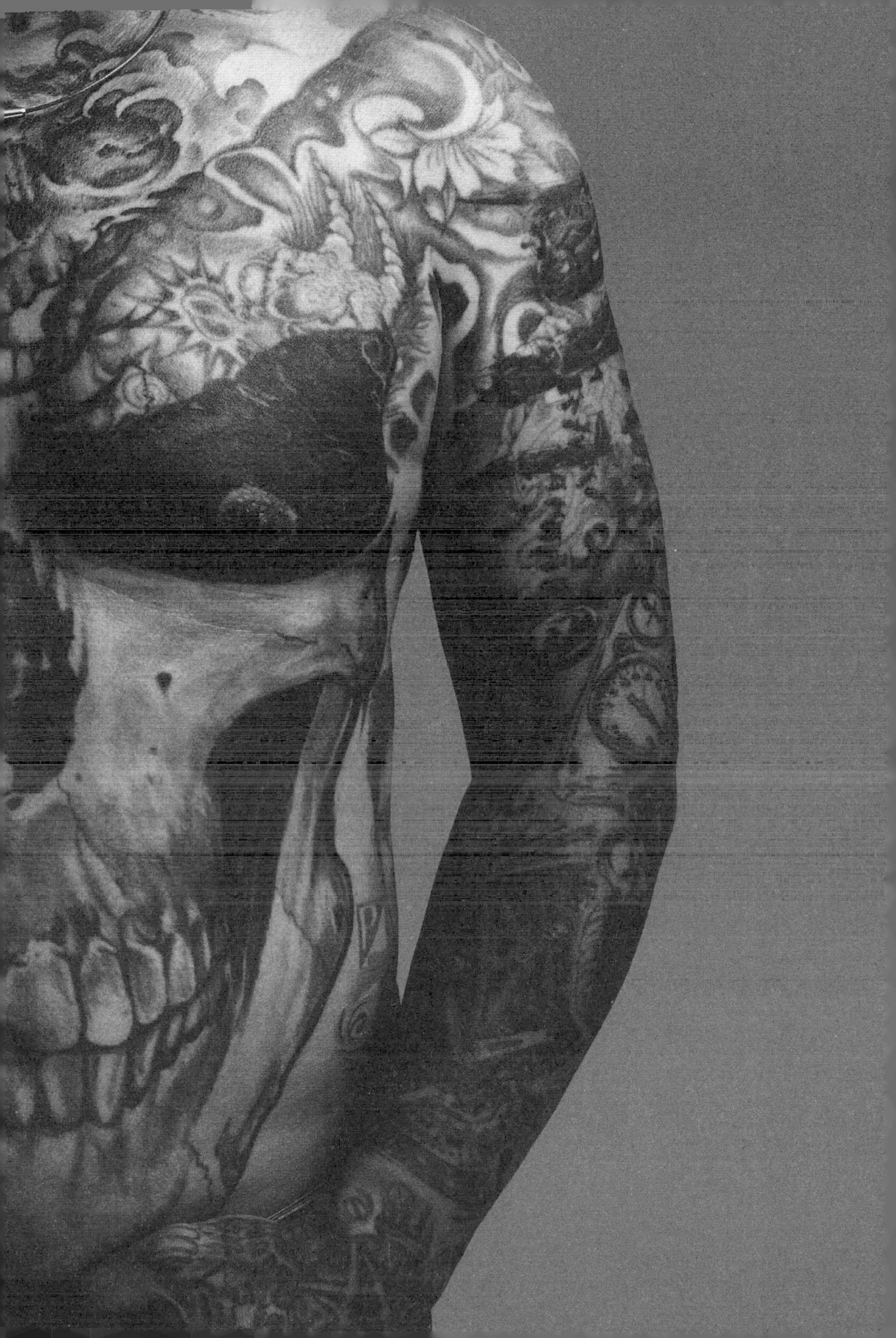

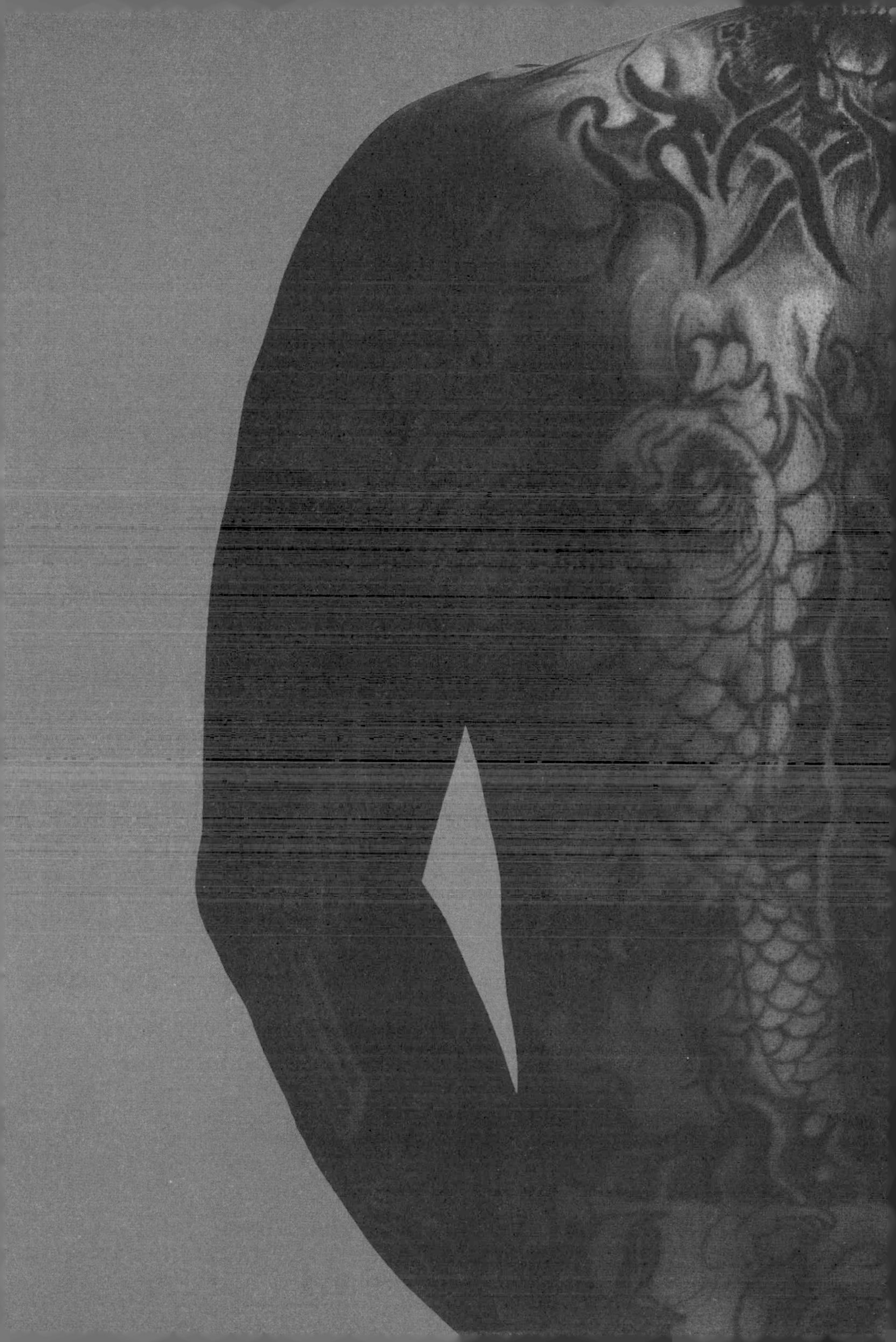

零肆

0419

壹玖